Die Revolution in uns

Peter Classen

Die Revolution in uns

Bewusstseinserweiterung und Heilung
durch die Auflösung des Egos

VERLAG
ESE

Impressum:

Verlag:	Enno Söker, Marienkamper Str. 1, 26427 Esens, Tel. 0 49 71 / 91 05-0 info@soeker-druck.de, www.soeker-druck.de
Umschlaggestaltung:	Verlag Enno Söker, Esens
Druck und Gesamtherstellung	Druckerei und Verlag Enno Söker, 26427 Esens
1. Auflage:	Februar 2014

ISBN: 978-3-941163-19-5

Vorwort

Vor einigen Jahren hatte ich mich mehrmals für eine Woche und auch einmal fast ein Jahr lang in ein Kloster zurückgezogen. Auslöser war eine schwere „Krankheit“. In mir waren Fragen über Fragen. Fragen an das Leben und dessen Sinn. Diese Zeiten taten mir gut, und ich fand auch viele Antworten auf meine Fragen. Auch begann ich meiner Berufung zu folgen und fing an zu schreiben. Einige Bücher wurden seitdem veröffentlicht, in denen ich vieles beschrieben habe, was mir in meinem Leben begegnet ist, und was ich daraus lernen konnte.

Niemals aber habe ich mich getraut, darüber zu schreiben, was mit mir in dieser Zeit geschehen ist. Das soll sich jetzt ändern!

Es geschah eine Bewusstseinserweiterung. Die erste solcher Erfahrungen erlebte ich im September 2003.

Bis zu diesem Zeitpunkt hatte ich mich noch nie mit diesen Themen befasst und auch noch nichts darüber gehört oder gelesen. Es geschah einfach so, völlig unvorbereitet, aus heiterem Himmel. Gerade das war mein Glück, denn so war ich unvoreingenommen und offen für Neues. Noch größeres Glück hatte ich aber mit den Menschen, denen ich in dieser Zeit begegnete und mit denen ich mich über mein Erleben austauschen konnte.

Der wichtigste Begleiter war ein Mönch, dessen Namen ich jedoch nicht erwähnen möchte.

Lange Jahre dachte ich: Über ein solches Thema, über das man sich nur in stillen Klosterzimmern unter vier Augen unterhalten konnte, darf ich nicht offen sprechen, geschweige denn schreiben. Da ist aber etwas in mir, das mich immer wieder dazu aufforderte, doch darüber zu schreiben, und dieser inneren Stimme folge ich jetzt.

So beschreibe ich in diesem Buch, was mir seit dem September 2003 an Bewusstwerdung begegnet ist und wie meine Erinnerung an Vergangenes zurückkam. Auch schreibe ich über die Verschiedenheiten dieser Wege, und wie Heilung in uns beginnt, sobald wir diese zulassen. Und ein wichtiger, mir besonders am Herzen liegender Teil dieses Buches handelt von Versuchen, Bewusstseinserweiterung durch Drogen zu erreichen.

Bei einem zufälligen Gespräch mit einem befreundeten Psychologen kamen wir auf dieses Thema. Auslöser war der Tod zweier Menschen, die in Berlin bei einem Arzt ein bewusstseinserweiterndes Seminar mit Drogen besucht hatten. Der Psychologe sagte zu mir: „Es ist medizinisch unerklärlich. Die Menschen explodieren innerlich. Bei denen steigt die Körpertemperatur binnen weniger Minuten bis zum Exitus.“ Als er das sagte, konnte ich ihm die Antwort darauf geben. Sie war da. Das alles hatte ich erfahren, jedoch ohne Drogen und ohne Exitus.

Alles was ich im Folgenden beschreibe, sind meine wahrhaften, persönlichen Erfahrungen – subjektive Erlebnisse. Ich stelle keinerlei Anspruch auf objektive Wahrheit. Vielmehr lade ich Sie als Leser, Laien und Fachleute, wie z.B. Wissenschaftler und Ärzte, dazu ein, dies von mir Beschriebene zu erforschen. Ich bin erfüllt von der Vision, wie wir alle im respektvollen Miteinander an einer zunehmend freundlichen und schöneren Welt stricken. Getreu meinem Motto: „Gemeinsam sind wir stark."

Viel Freude beim Lesen.
Peter Classen

Danke

An dieser Stelle danke ich allen Menschen, die mich in meinem Leben begleitet haben.

Besonders auch den Freunden, die an der Fertigstellung des Manuskriptes maßgeblich mitgewirkt haben. Ihnen ist es gelungen, einige Spitzen zu entschärfen, ohne jedoch die Inhalte zu verändern. Herzlichen Dank.

Peter Classen

Inhaltsverzeichnis

1.

Was ist Bewusstsein und Bewusstseinserweiterung?

Wenn ich über Bewusstseinserweiterung schreiben will, muss ich erst einmal sagen, was ich in diesem Zusammenhang unter Bewusstsein verstehe.

Es ist ein Novembertag, und draußen regnet es. Das Wetter ist alles andere als schön, und es kommen leicht Gefühle auf wie: „Bei so einem Wetter kann man sich ja bloß noch verkriechen." Unser oberflächliches Bewusstsein gaukelt uns vor, dass wir uns nur noch verkriechen können, und doch verleben wir zumeist den Tag so weiter, wie wir ihn begonnen haben, eben mit einem negativen Bewusstsein für diesen Tag. Ist das aber das wirkliche Bewusstsein? Ich sehe dies nicht so. Nehme ich den Tag mit meinem ganzen tiefen Bewusstsein wahr, so kann ich mich entsprechend bekleiden und den Tag auch draußen bei der Arbeit verbringen. Ich tue es bewusst und kann es genießen. Auch kann ich mich auf das warme Wannenbad am Abend oder den Besuch in der Sauna freuen. Ich arbeite also bewusst draußen, und freue mich auf die Sauna.

Oft stehe ich beim alten Kurhaus in Dangast am Jadebusen (Nordsee) mit meinem Infostand – Sommer wie Winter. Häufig werde ich dann von Menschen mitleidig angesehen und bekomme zu hören: „Bei so einem Wetter ist das aber doch nicht schön, draußen zu stehen." Gerne gebe ich dann zur Antwort: »Tue alles, was du tust, mit Freude, und du hast jeden Tag Urlaub«. Meist ernte ich dann Kopfschütteln. Warum nur dieses Mitleid? Hin und wieder bleiben aber auch Menschen stehen und es entwickelt sich ein Gespräch. Dabei erkläre ich, dass ich es selber bin, der morgens entscheidet, dahin zu gehen. Ich tue es bewusst, und was kann daran so schlimm sein. In mir ist ein völlig anderes Gefühl als das, was die meisten Menschen mir zuschreiben. Ich freue mich über die frische Luft und über die vielen schönen Begegnungen mit den Menschen, die ich dort treffe. Auch kaufen immer wieder Leute Bücher und Zentrierbretter bei mir. Von dem Geld kann ich dann leben.

Die Vorstellung der meisten Menschen gaukelt ihnen eine andere Realität über meine Person vor. Das ist das oberflächliche Bewusstsein, und dies wiederum wird geschürt vom Ego. Befreites, wirkliches Bewusstsein ist jedoch frei vom Ego und frei von jeder Bewertung.

Wie leicht unser Bewusstsein sich jedoch vom Ego beeinflussen lässt, möchte ich an einem Beispiel erläutern. Kürzlich hielt ich eines meiner Wochenendseminare und habe dabei ein Experiment durchgeführt. Normalerweise trage ich eine schwarze Hose, schwarze Schuhe und einen Pullover. Selbstredend gehören zu schwarzen Schuhen und schwarzer Hose auch schwarze Socken, aber ich trug absichtlich weiße Socken. Das Seminar begann ich, wie jedes andere auch und machte mich frei von dem Gedanken, dass jemand meine Socken wahrnimmt. Auf dieses Freimachen gehe ich später noch ein.

Nach einer Stunde sagte ich den Teilnehmern, dass ich den Raum für fünf Minuten verlasse, und bat sie, in der

Zwischenzeit kein Wort zu wechseln und auch keinen Blick mit einem anderen auszutauschen. Ich bat sie, diese Zeit zu nutzen, um einmal in sich hineinzuschauen, auf was ihre Aufmerksamkeit in der letzten Stunde fokussiert war. In der Zwischenzeit hatte ich die weißen Socken durch schwarze ersetzt und ging zurück in den Raum.

Das, was anschließend zu Tage kam, war im ersten Moment erschreckend, im zweiten allerdings auch sehr befreiend. Erschreckend war, dass fast alle Teilnehmer durch die weißen Socken so sehr abgelenkt waren. Zwei Socken „Made in China“ zogen mehr Aufmerksamkeit meiner Zuhörer auf sich als mein Körper, mein Geist und meine Seele zusammen. Das war das Erschreckende. Doch nach dem Schrecken kam die Erleichterung. Die Teilnehmer erkannten, dass ihr Ego sie in eine vorgefertigte Denkstruktur gelenkt hatte, die nichts mit mir und ihnen zu tun hat. Anschließend lud ich sie ein, herzhaft darüber zu lachen. Sie lachten ihr Ego nicht aus, sondern sie lachten es an. Sie begrüßten es regelrecht. Hallo liebes Ego, ich habe dich erkannt, und ich lasse mich von dir nicht mehr ins Bockshorn jagen. Hier noch eine wichtige Anmerkung. Das Auslachen einer Person oder einer Situation ist kontraproduktiv. Lache ich eine Person aus, erniedrige und verletze ich sie, und sie wird sich auf irgendeine Weise wehren. Das Ego ist ein Teil von uns, und zwar der oberflächliche, unbewusste, vom Verstand gesteuerte Teil. Lachen wir diesen aus, wird unser Verstand in das alte Muster zurückfallen und nach Gründen suchen, weshalb die Wahrnehmung von Socken abgelenkt wurde. „...und sowieso, zu schwarzen Schuhen und Hosen gehören auch schwarze Socken.“ So denkt das alte Ego.

Umarmen wir jedoch das Ego und lachen es sogar an, kann es sich nicht mehr wehren. Im Gegenteil, es wird zu unserem Freund. Jedes Mal, wenn es uns bewusst wird, dass das Ego sich einmischt, nehmen wir das als eine Einladung, die Situation einmal genauer zu betrachten. So wird das Ego zu unserem Lehrer. Es lehrt uns, unseren Verstand zu benutzen und nicht mehr von ihm benutzt zu werden.

Wieso konnte unser Ego jedoch so stark werden und unser wahres Bewusstsein so weit verdrängen? Das liegt an der Konditionierung und der Normierung unserer Gesellschaft, die wir alle in irgendeiner Form erfahren haben. Elitäre Denker aus allen gesellschaftlichen Schichten haben sich selber dazu erkoren, Regeln aufzustellen. Und nun verlangen sie von der breiten Gesellschaft, dass diese Regeln eingehalten werden. Übertritt man die Regeln, wird man gemieden, ausgegrenzt und schlimmer noch: Das Mitspracherecht in der Gesellschaft wird demjenigen aberkannt.

Es ist durchaus bekannt, dass für die genannte elitäre Gesellschaft diese Regeln nur in der Öffentlichkeit einzuhalten sind.

Gerne gehen solche Menschen zu so genannten Räuberessen. Dabei fliegen die Knochen nach hinten weg und die Gläser gleich hinterher. Selbst den Worten Luthers wird entsprochen. „Was rülpset ihr nicht? Was furzet ihr nicht? Hat euch das Essen nicht geschmacket?"

Auch liest man in den Medien immer wieder über „prominente" Mitglieder der Gesellschaft, dass sie auf Kokain-Partys gesichtet wurden. Was dort alles geschieht, bleibt jedoch meist im Verborgenen.

Der Bootsmann einer großen alten Luxussegeljacht erzählte mir einmal, dass auf seinem Boot immer wieder Angehörige der obersten Gesellschaftsschicht Urlaub machen. Er setzt sie dann auf irgendwelchen Inseln mit dem Schlauchboot ab. So bleibt ihre Anonymität gewahrt und sie können wie alle anderen Menschen mit einer gewöhnlichen Shorts am Strand herumlaufen.

Ich spreche hier von solchen Leuten, die auf Benimm-Anleitungen, auf gesellschaftliche Konventionen pochen. Warum nur tun sie das? Ist es eine Möglichkeit der Kontrolle? Kann man so vielleicht schneller erkennen, welche Menschen sich der Konditionierung und Normierung unterworfen haben? Diese Fragen lasse ich bewusst offen, und lade meine Leser dazu ein, sich der damit verbundenen Problematik bewusst zu werden.

Eine Änderung im „Knigge" möchte ich hier noch erwähnen. Früher wünschte man jemandem, wenn er nieste, „Gesundheit!". Heute muss sich der Niesende bei den anderen entschuldigen. Stellen Sie sich einmal einen Allergiker in der „gehobenen Gesellschaft" vor. Der muss sich laut Knigge also dauernd entschuldigen. Er muss sich entschuldigen, dass er überhaupt da ist. Sobald wir diese Perversion dahinter erkannt haben, können wir davon wieder ablassen, und das ist das Gute. Wir werden Schritt für Schritt bewusst. Auch wissen wir nicht, ob uns selber nicht irgendwann auch einmal eine Allergie heimsucht. Dann sind wir selber betroffen und müssen erkennen, was wir unseren Mitmenschen angetan haben. Soweit brauchen wir es natürlich nicht kommen zu lassen. Wir können uns auch vorher schon darüber bewusst werden und unsere Mitmenschen so annehmen, wie das Leben sie geschaffen hat. Diese Entscheidung liegt ausschließlich bei jedem Einzelnen selbst.

An dieser Stelle muss ich noch klarstellen, dass ich das Aufstellen von Regeln durchaus begrüße. Anders wäre ein Leben mit Menschen und unter Menschen nicht möglich. Auch liebe ich es, in einem gepflegten Restaurant zu essen. Entscheidend ist jedoch, dass die äußere Hülle nichts mit mir und meiner Persönlichkeit zu tun hat. Sie ist lediglich eine Hülle. Und dies zu erkennen ist Bewusstwerdung.

Auch ist es nicht ratsam, elitär denkende Menschen anzugreifen und zu verurteilen. Sie übernehmen ihren Teil im Spiel des Lebens, und der gehört genauso dazu wie der eigene. Bewusstwerdung heißt, die Dinge zu hinterfragen, und dazu laden diese Menschen uns mit ihrem Verhalten ein. Bewusstsein heißt das Leben hinter der Hülle oder Maske zu erkennen, und das ist die Aufgabe, die uns das Leben stellt. Das tiefe Bewusstsein ist der Wesenskern in unserem Herzen. Es ist unsere Seele, und die lebt ewig. So sagte Albert Einstein: „Der Tod zerstört das Leben nicht, er verändert es nur." Auch ist kein Mensch bewusster als ein anderer. Wir befinden uns lediglich auf unserem individuellen Weg hin zu einem vollen Bewusstsein, und dabei ist jeder auf seiner ureigenen Entwicklungsstufe. Albert Einstein sagte einmal zu einer Gruppe von gelehrigen Zuhörern: „Ihr glaubt, ich wüsste mehr als ihr. Das stimmt jedoch nicht. Durch jede Antwort, die ich auf eine Frage gefunden habe, eröffnen sich mehrere neue Fragen. Das heißt, dass ich mehr offene Fragen habe als ihr, und somit weiß ich letztendlich weniger als ihr."

Zum Abschluss dieses Kapitels möchte ich noch etwas über Indigo-Menschen und das Indigo-Bewusstsein schreiben. Indigo-Menschen sind grundsätzlich nicht besser oder schlechter als andere Menschen. Oft höre ich Leute sagen: „Das sind esoterische Spinner. Die fühlen sich als etwas Besonderes.“ Das ist sowohl richtig als auch falsch. Falsch ist es, wenn ein Indigo glaubt, besser zu sein als die anderen Menschen. Diese Indigos haben etwas Grundsätzliches des Indigo-Bewusstseins noch nicht erfasst. Sie verhalten sich dann oft wie die Kreuzritter und verlangen von ihren Mitmenschen, dass sie sich bekehren lassen, um ihnen der Sache wegen zu dienen. Dieser Weg ist jedoch nicht gangbar. Er führt seit Jahrtausenden immer wieder zu neuen Ausgrenzungen, Erniedrigungen anderer, und letztendlich so auch zu Kriegen. Der Weg eines Indigos ist vielmehr der, dass wir selber bewusst werden, alte Konditionierungen lösen, und dass wir das selber leben, was wir für richtig halten. Dadurch werden andere neugierig gemacht. Mehr geht nicht. Dennoch sind Indigos aber etwas Besonderes! Denn jeder Mensch ist etwas Besonderes, etwas Einzigartiges, eben ein Unikat.

Das Indigo-Bewusstsein ist ein höheres Bewusstsein, Indigos sind damit zur Welt gekommen. Viele haben jedoch den Kontakt zu diesem Bewusstsein durch die zuvor erwähnten Konditionierungen wieder verloren. Sie leben genauso unbewusst wie die meisten anderen Menschen auch. Grundsätzlich kann aber jeder in das Indigo-Bewusstsein hineinwachsen. Dies geschieht durch die erweiterte Nutzung unserer Gehirnkapazität, womit wir beim nächsten Thema und Kapitel sind.

2.

Unser Gehirn, und wie viel wir davon benutzen

Wissenschaftliche Erkenntnisse ergeben, dass wir nur einen Bruchteil unseres Gehirns tatsächlich benutzen. So wird gesagt, dass vor 60 Jahren der Durchschnittsmensch ca. 4% seines Gehirns nutzte und Albert Einstein ca. 6% benutzte. Heute sagen einige Forscher, dass der Durchschnittsmensch ca. 5% benutzt und die Indigo-Menschen ca. 8%. Die Evolution ist fortlaufend, auch die geistige. Da der Mensch ein Individuum ist, nutzt jeder auch andere Fähigkeiten des Gehirns. Die Summe der insgesamt benutzten Gehirnkapazität bleibt aber bei ca. 5%. Das erklärt auch, weshalb Wissenschaftlerteams, sofern sie harmonieren, oft größere Erfolge erzielen, als manche einzelne Wissenschaftler. Im Team, wo mehrere Gehirne kooperieren, kann also auch durchaus eine gemeinsame Gehirnnutzung von 10 bis 12 % erfolgen. Das geschieht durch die verschiedenen Bereiche, die jeder Mensch in seinem Gehirn nutzt. Die Talente des Einzelnen werden individuell genutzt und mit den Talenten der anderen vernetzt.

Einzelne
Gehirnnutzung von 5%

Gehirnnutzung
im Team bis zu 12%

Nutzt jedoch ein einzelner Mensch mehr als 5% seiner Gehirnfähigkeit, z.B. 8%, so handelt es sich nicht mehr um die Talente des einzelnen Menschen, sondern um den Genius des Einzelnen. Beispiele dafür gab es schon immer: Leonardo da Vinci, Mozart, Albert Einstein und viele mehr. Aber gerade heute gibt es sie in verstärktem Maße. Sie werden meistens jedoch nicht als solche erkannt.

Ein aktuelles Beispiel möchte ich dazu anführen. Der australische Gitarrist Joe Robinson ist ein solcher Mensch. Er gilt heute bereits als das größte Talent des Kontinents. Vor einigen Jahren durfte ich den damals 19-Jährigen in einem Konzert live erleben. Was macht dieser junge Mann? Er spielt Gitarre aus Leidenschaft, und dabei benutzt er eine Technik, die bis heute als unmöglich galt. Er spielt live auf der Bühne seine Gitarre und entlockt diesem einen Instrument sowohl die Melodie als auch den Bass und den Rhythmus gleichzeitig. Zwischendurch findet er auch immer noch freie Finger, die er als Schlagzeug auf dem Gitarrenkörper einsetzt. Man hat das Gefühl, vor einer Band zu sitzen.

Bei einem zweistündigen Konzert schaut er kein einziges Mal auf Noten und strahlt eine Lebensfreude in sein Publikum aus, die schon ansteckend ist. Seine Natürlichkeit und Bescheidenheit rundet das Ganze noch ab.

Besonders zu erwähnen sind auch die Erläuterungen über seinen Werdegang, die er zwischen den einzelnen Stücken einfügte. Im Alter von sechs Jahren sollte er ein Instrument erlernen und bekam Klavierunterricht. Doch mit den Jahren sträubte er sich zunehmend, dieses Instrument zu spielen. Mit 10 Jahren, als er schon fast alle Freude an der Musik verloren hatte, hielt er zufällig eine Gitarre in den Händen und wusste sofort, dass dies sein Instrument ist.

Wörtlich sagte er: „Die Gitarre kann ich ja überall hin mitnehmen. Ins Café und zu Freunden, überall kann ich Musik machen.“ Die Leidenschaft war geweckt und er begann zu spielen. Er spielte im wahrsten Sinne des Wortes mit dem Instrument und lernte es spielerisch kennen und lieben. Sein bester Lehrer war das Internet: Hier fand er seine Vorbilder, die alten Meister und lernte so über das Hören als Autodidakt alle Fassetten der Gitarre kennen. Ein guter Meister und Lehrer führt seine Schüler über seine eigenen Fähigkeiten hinaus. So wird ein Schüler zum Meister und kann später seine Schüler wiederum über seine eigenen Fähigkeiten hinaus führen. Das bedeutet Evolution.

Bei einem klassischen Musiklehrer wäre er vermutlich gescheitert. Es ist sehr wahrscheinlich, dass dieser ihn davon abgebracht hätte, etwas bis dahin Unmögliches zu versuchen. Die ersten Versuche, die drei verschiedenen Spielarten zu vereinen, hörten sich sicherlich wie ein Katzengejammer oder unkontrolliertes Spiel an. Mit 14 Jahren reichte ihm die Zeit tagsüber, neben der Schule, zum Üben nicht mehr aus, und so begann er morgens um 4 Uhr mit dem Training. Keiner hatte ihn dazu aufgefordert. Er tat es aus sich heraus, aus reiner Liebe zur Musik, und das hört man heute in seinem Spiel. Das ganze Konzert über hatte ich den Eindruck, dass er sich kein einziges Mal anstrengte. Er spielte einfach nur mit seiner Gitarre, so wie ein kleines Mädchen mit der Puppe. Bei einem Gespräch mit einer Frau, die sich um ihren von ADS betroffenen Sohn sorgte, berichtete sie mir von ihm und sagte: „Mein Sohn ist immer so komisch. Ich habe das Gefühl, dass er nicht mehr offen mit mir spricht und er sitzt nur noch herum." Als ich ihr von Joe Robinson erzählte, winkte sie gleich ab und sagte: „Ja, aber das ist bei meinem Sohn nicht so. Ich glaube, der ist gar nicht talentiert." Sie hatte offenbar nicht verstanden, was ich ihr habe sagen wollen. Ich ließ es dabei bewenden. Wäre sie die Mutter von Joe gewesen, hätte er sein Talent auch wohl nie entdeckt.

Jetzt aber zurück zur erweiterten Nutzung des Gehirns.

Bei einer 5%igen Hirnnutzung kann ein Mensch alles schon Bekannte erlernen und übernehmen, sofern es seinen Talenten entspricht und er seinen Talenten entsprechend aufgewachsen ist. Ein Mensch, der sich für Menschen interessiert, kann problemlos ein Medizinstudium absolvieren oder Krankenpfleger werden. Jemand, der sich für die Natur interessiert, kann Förster, Gärtner oder Naturwissenschaftler werden. Alle nutzen dabei jedoch nur die ca. 5% Gehirnkapazität, die geöffnet ist. Bewusstseinserweiterung geht somit auch über eine erweiterte Nutzung der vorhandenen Gehirnkapazitäten vonstatten. Dabei werden neue Nervenbahnen im Gehirn geöffnet und alte Nervenbahnverbindungen, die im Kindesalter bereits geöffnet waren und durch die Konditionierungen wieder geschlossen wurden, erneut geöffnet. Dieses erneute Öffnen von Nervenbahnen, die bereits offen waren, erfordert allerdings viel Mut. Dabei werden wir unweigerlich mit unserem inneren verletzten Kind konfrontiert, was allerdings auch sehr schmerzlich sein kann. Sicher ist jedoch, und da schreibe ich aus eigener Erfahrung, dass uns niemals mehr eingeschenkt wird, als wir in der Lage sind zu tragen. Das ist so auch in der Bibel zu lesen.

Hier noch ein Gedankenspiel – von Albert Einstein.

So sagte er: „Wenn wir in der Lage sind, unser Gehirn vollständig zu nutzen, dann brauchen wir keinen physischen Körper mehr." Dem schließe ich mich an.

Eine weitere Herausforderung jedoch ist, zu erkennen, dass eine Bewusstseinserweiterung alle bisherigen Lebensmuster und Glaubenssätze auf den Kopf stellen kann. Ein Naturvolk, das nahe dem Äquator lebt, hat noch nie in seinem Leben Schnee oder Eis gesehen. Sage ich einem solchen Menschen, dass aus Wasser Schnee und Eis werden kann, und dass man auf dem gefrorenen Wasser laufen kann, wird er mir nicht glauben. Und das ist auch gut so. Er muss es erfahren. Lade ich ihn dann ein, eine Reise in ein solches Gebiet zu machen, kann er entscheiden, ob er mitfährt oder nicht. Sobald er einmal Schnee gesehen und auf Eis gestanden ist, kann und wird er es nicht mehr leugnen. Kehrt er anschließend in seine Heimat zurück, werden seine Stammesbrüder ihn ebenso wenig verstehen, wie er zuvor nicht verstanden hatte, und ihn als Spinner abtun. In unserer westlichen „zivilisierten" Welt landen solche Menschen sehr schnell in der Psychiatrie. Das Höhlengleichnis des Plato beschreibt diese Situation sehr deutlich.

Das Höhlengleichnis des Platon (Quelle: Wikipedia)

Platon beschreibt einige Menschen, die in einer unterirdischen Höhle von Kindheit an so festgebunden sind, dass sie weder ihre Köpfe noch ihre Körper bewegen und deshalb immer nur auf die ihnen gegenüber liegende Höhlenwand blicken können. Licht haben sie von einem Feuer, das hinter ihnen brennt. Zwischen dem Feuer und ihrem Rücken befindet sich eine Mauer. Hinter dieser Mauer werden Bilder und Gegenstände vorbei getragen, welche die Mauer überragen und Schatten an die Wand werfen. Die „Gefangenen" können nur diese Schatten der Gegenstände wahrnehmen. Wenn die Träger der Gegenstände sprechen, hallt es von der Wand so zurück, als ob die Schatten selber sprächen. Da sich die Welt der „Gefangenen" ausschließlich um diese Schatten dreht, deuten und benennen sie diese, als handelte es sich bei ihnen um die wahre Welt.

Platon (bzw. Sokrates) fragt nun, was passieren würde, wenn man einen Gefangenen befreien und ihn dann zwingen würde, sich umzudrehen. Zunächst würden seine Augen wohl schmerzlich vom Feuer geblendet werden und die Figuren würden zunächst weniger real erscheinen als zuvor die Schatten an der Wand. Der Gefangene würde wieder zurück an seinen angestammten Platz wollen, an dem er deutlicher sehen kann. Weiter fragt Platon, was geschehen würde, wenn man den Befreiten nun mit Gewalt, die man jetzt wohl anwenden müsste, an das Sonnenlicht brächte. Er würde auch hier erst von der Sonne geblendet werden und könnte im ersten Moment nichts erkennen. Während sich seine Augen aber langsam an das Sonnenlicht gewöhnten, würden zuerst dunkle Formen wie Schatten und nach und nach auch hellere Objekte bis hin zur Sonne selbst erkennbar werden. Der Mensch würde letztlich auch erkennen, dass Schatten durch die Sonne geworfen werden.

Anmerkung des Autors:
Mit Gewalt geht dies natürlich nicht. Das hat die Geschichte hinlänglich bewiesen, und die aktuellen Versuche dieser Art scheitern alle.
Und nun weiter bei Wikipedia.

Erleuchtet würde er um keinen Preis sein altes Leben in der Höhle wieder aufnehmen wollen, und wenn er es doch täte, über seine Erkenntnisse berichten. Da sich seine Augen jedoch erst umgekehrt wieder an die Dunkelheit gewöhnen müssten, könnte er (zumindest anfangs) die Schattenbilder nicht erkennen und gemeinsam mit den anderen deuten. Aber nachdem er die Wahrheit erkannt habe, würde er das auch nicht mehr wollen. Seine Mitgefangenen würden ihn als Geblendeten wahrnehmen und ihm keinen Glauben schenken. Man würde ihn auslachen und von ihm sagen, „er sei von oben mit verdorbenen Augen zurückgekommen.“ Damit ihnen nicht dasselbe Schicksal zukäme, würden sie von nun an jeden umbringen, der sie „lösen und hinaufbringen“ wollte.

In anderen Quellen über Platon ist zu lesen, dass es den Befreiten immer wieder in die Höhle zurückzieht. Die Liebe zu seinen Mitgeschöpfen in der Höhle ist zu groß, als dass er sich einfach so zurückziehen könnte. Der Meinung bin ich auch.

Auch gibt es unter einigen Buddhisten die Aussage: „Triffst du Buddha, so töte ihn. Triffst du Jesus, so töte ihn.“ Damit ist das Gleiche gemeint, wie von Platon beschrieben. Was diese Menschen noch nicht wissen, ist, dass sie weder Buddha noch Jesus töten können. Wie sollten sie dies auch tun? Die Christen z.B. predigen das ewige Leben und ihr

Meister ist Jesus. Wie sollte man ihn da noch töten können, wenn er das ewige Leben bereits erlangt hat? Ewiges Leben bedeutet das bewusste Erkennen des Wesenskerns in uns, denn dieser Kern ist unsere Seele und die lebt ewig. Sobald wir diese Erfahrung gemacht haben, wird uns auch klar, dass unser Körper sozusagen das Gefährt ist, mit dem wir auf dieser Erde unsere Erfahrungen machen können. Mit dem Satz: „Es ist vollbracht", hatte Jesus dies zum Ausdruck gebracht. Auch lassen sich die Menschen, die in der Nachfolge Jesu oder Buddhas leben, nicht mehr einfach töten.

Menschen, die es nicht wagen, diesen Weg zu gehen, suchen sich gern einen Partner, der diesen Weg geht, um sich über diesen die Energiequelle zu erschließen. Das ist jedoch nicht möglich. Deswegen werden sie alles versuchen, den Partner von seiner eigenen Kraftquelle abzuschneiden. Lässt der Partner das zu, raubt es ihm die ganze Lebenskraft. Nachdem ich eine solche Partnerschaft erlebt und erkannt habe, schaffte ich im letzten Moment den Absprung. Als ich das damals dem Mönch erzählte: „Ich glaube, meine Partnerin will mich umbringen", nickte er mit dem Kopf und schwieg. In den meisten Fällen geschieht das unbewusst. Es sind die dunklen Kräfte, die in dem Menschen dann Oberhand gewinnen. Dann ist bei solchen Menschen der Wesenskern, der göttliche Teil von Dunkelheit umhüllt.

Ein älterer evangelischer Pastor sagte einmal zu mir: „Die Ursache für die verzwickte Situation (Wirtschaftskrise, Kriege, usw.) in der sich die Menschheit befindet, liegt meines Erachtens in den Universitäten", und da schließe ich mich an. Die ersten Universitäten wurden als Orte des

Rückzugs eingerichtet. Sie sollten jungen Menschen die Möglichkeit bieten, sich aus dem Tagesgeschehen auszuklinken, um an ihre Wurzeln, ihre angeborenen Talente zu gelangen, und diese dann gewinnbringend für die Menschheit einzusetzen. Das ist Bewusstseinserweiterung – eine erweiterte Nutzung der vorhandenen Gehirnfunktionen. Das hat sich im Laufe der Jahrhunderte jedoch nahezu vollständig verändert. Heute ist die Universität ein Ort, wo das Wissen anderer übernommen wird oder im Höchstfall vorhandenes Wissen weiterentwickelt werden darf. Schreibe ich das, was mein „Doktor-Vater" hören will und für sich als richtig einstuft, so erhalte ich anschließend auch den Titel. Ob es auch meine eigene Wahrheit ist, steht außen vor. Wirklich neues Wissen kann so nicht in die Menschheit gelangen. Außerdem ist dies eine hervorragende Möglichkeit, die Menschen zu kontrollieren. Und genau diese Absolventen der Hochschulen übernehmen seit Jahrhunderten das Sagen auf der Erde. Ihnen wurde suggeriert, dass sie wissen, was für die Menschen gut ist und was nicht. Damit wurden sie jedoch mehr und mehr von ihrem Wesenskern getrennt und ihr Ego gestärkt.

Es ist schön, zu beobachten, wie viele Ärzte, Wissenschaftler und Studenten dieses manipulierende System bereits durchschaut haben, und täglich werden es mehr. Das macht Mut.

Dazu die Aussage einer jungen Ärztin, die heute als Nonne in Berlin lebt. „Als ich meine Doktorarbeit meinem Professor vorlegte, fiel dieser aus allen Wolken und sagte mir, dass ich so etwas nicht schreiben dürfte. Als ich ihm einige Zeit später eine überarbeitete Version vorlegte, schüttelte er wieder den Kopf und sagte mir, dass ich mit solch einer Arbeit niemals einen Doktortitel erhalten würde." Danach trat sie in ein Kloster ein.

Abschließen möchte ich dieses Kapitel mit einem Erlebnis, das ich vor einiger Zeit mit einem Arzt hatte. Wie anfangs bereits erwähnt, stehe ich des Öfteren am alten Kurhaus in Dangast. So ergab es sich, dass dieser Arzt mit mir über meine Arbeit als Legasthenie- und AD(H)S-Berater ins Gespräch kam. In diesem Gespräch gab ich ihm tiefe Einblicke in die Wahrnehmungsfähigkeit der Bilderdenker, und er machte alle Übungen bereitwillig mit. Er war so neugierig geworden, dass er auch mein Buch über Indigo-Kinder kaufte. Drei Monate später sah ich ihn dort mit seiner Frau Kaffee trinken. Als ich an ihm vorbei ging, drehte er sich zu mir um und sagte: „Herr Classen, was Sie da in Ihrem Buch alles schreiben, das kann ich so nicht stehen lassen. Da müssen wir einmal ausführlich drüber reden." „Gerne", gab ich ihm zur Antwort und ging an meinen Stand. Fünf Monate habe ich ihn dann nicht mehr gesehen. Eines Tages stand er vor meinem Stand, und sagte: „Herr Classen, ich muss mit Ihnen reden. So simpel und einfach, wie Sie das alles erklären und beschreiben, das konnte ich mit meinem verwissenschaftlichten Verstand erst gar nicht begreifen. Es ist einfach nur wahr." Seitdem kommt er regelmäßig zu mir und wir können uns konstruktiv auf Augenhöhe unterhalten. In der Zwischenzeit hat er mir das Du angeboten, und es hat sich eine wunderschöne Freundschaft entwickelt. Auch ist dieser Arzt heute derjenige, der mir immer wieder Mut macht, meine Arbeit fortzusetzen, egal wie viel Gegenwind dabei weht.

Bewusstseinserweiterung geht somit durch die erweiterte Nutzung der vorhandenen, oft noch schlummernden Gehirnkapazitäten vonstatten, und so lade ich mit diesem Buch auch die Ärzte, Lehrer und Wissenschaftler ein, mit mir auf eine innere Entdeckungsreise zu gehen.

3.

Wege der Bewusstseinserweiterung

In diesem Kapitel schreibe ich sowohl über verschiedene Wege, als auch über meine eigenen Erfahrungen auf meinem Weg. Dies versuche ich ein wenig zu mischen, um ihnen einen möglichst breiten Korridor zu öffnen. Wichtig ist, dass Sie nicht an dem festhalten, was ich schreibe, sondern sich dafür öffnen, Ihren eigenen, persönlichen Weg zu finden. Dies gilt vor allem auch für die verschiedenen Religionen, die im Prinzip alle nur Wege in ein höheres Bewusstsein sind. Ich selber war für 25 Jahre aus der Kirche ausgetreten und bin dann wieder in die katholische Kirche eingetreten. Mein Weg ist somit christlich geprägt, und es ist mein Weg. Egal welcher Religion oder Konfession Sie angehören, gehen Sie Ihren Weg und bleiben Sie auf Ihrem Weg. Das ist entscheidend. Das Wesentliche der Religionen liegt in dem, was sie gemeinsam haben, nicht in dem, worin sie sich unterscheiden.

Bevor ich jedoch damit beginne, muss ich noch auf etwas Wichtiges hinweisen. Bewusstseinserweiterung ist ein Geschenk – eine Gnade, die einem zuteil werden kann, und man darf sie nicht erzwingen. Sie kommt, wenn sie kommen will oder soll. Das Einzige, was wir bewusst dafür tun können, ist, uns vorzubereiten, und vor allem im richtigen Moment bereit zu sein. Da wir den Moment jedoch nicht vorher wissen, sollten wir unser Leben so leben, dass wir jederzeit dazu bereit sind. Das ist die eigentliche Herausforderung.

Es werden viele Seminare in diesem Bereich angeboten. Bei der Qualität dieser Seminare ist es wie bei allem im Leben. Es gibt gute und schlechte. Der amerikanische Weisheitslehrer Eckhart Tolle wurde einmal von einem Schüler, der ihm ein Programmheft vorlegte, gefragt, welches Seminar er denn besuchen solle. Zur Antwort bekam er: „Die Seminare sind alle gut. Du brauchst aber keines von ihnen. Atme einfach in diesem Augenblick bewusst ein und aus.“ Sobald wir etwas bewusst tun, sind wir schon bewusst. In esoterischen Kreisen höre ich häufig den Satz: Es atmet dich. Das wird oft als Beweis für eine höhere, göttliche oder kosmische Kraft angeführt. Das ist auch richtig so. Atme ich jedoch bewusst, so atme ich aus mir heraus. Ich habe die Verantwortung für mein Leben übernommen. Sobald ich aber wieder unbewusst werde, übernimmt die kosmische Kraft das Atmen. Im Schlaf ist dies ein Dauerzustand, ohne den wir nicht einen Tag überleben könnten. Auf den Umgang mit Seminaren gehe ich später noch ein.

Zunächst einmal etwas über meinen Weg. Im Februar 1998 war ich das erste Mal für eine Woche in einem Kloster. Dies sollte wohl ein Vorgeschmack sein auf das, was fünf Jahre später dann alles geschah. Zu diesem Zeitpunkt befand ich mich in einem seelischen Tief und hatte keinen rechten Antrieb mehr. Ich ging also als Gast in dieses Kloster und hatte nichts mitgenommen, was mich hätte ablenken können. Kein Buch, keine Zeitschrift, nur Kleidung zum Wechseln. Die einzigen Gespräche, die ich führte, waren bei den Mahlzeiten. An den Gebetszeiten nahm ich auch teil, was mir unendlich gut tat. Ansonsten lag ich still auf meinem Bett oder ging langsam durch die Wälder. Am dritten Tag hatte ich ein Gespräch mit einem der Mönche. Er sagte mir, ich solle einmal mit meinem inneren Kind einen bewussten Spaziergang machen und ihm dabei alles erlauben, was es will. Er sagte: „Sprich mit deinem inneren Kind, es wird dich verstehen". Die Stille in den Tagen vorher hatte meine Seele völlig ruhig gemacht. In mir herrschte ein tiefer Frieden und ich genoss die Zeit. Als ich so seelenruhig dann mit meinem inneren Kind spazieren ging und sprach, veränderte sich meine Körperhaltung. Ich ging auf einmal aufrecht und selbstbewusst meines Weges und hatte eine ungeahnte Kraft in mir. Mit dieser neuen Kraft kehrte ich nach Hause zurück, und meine Freunde und Bekannte erkannten mich nicht wieder.

Auch hatte ich in dieser Zeit das erste und einzige Mal in meinem Leben einen Augenblick vollständigen Bewusstseins. Es dauerte nur etwa 5 oder 8 Minuten, das kann ich nicht genau sagen. In diesem Augenblick waren mir alle Zusammenhänge des Lebens bewusst vor Augen, nahezu zeitgleich und vollständig. Dies war der bis dahin schönste Augenblick in meinem Leben. Alles war leicht und sonnenklar. Mit dem Mönch sprach ich noch darüber und er sagte mir, dass dies sehr selten geschieht und eine große Gnade sei. Auch lud er mich ein, dafür zu danken, was ich – Gott sei Dank – auch tat. Ich hatte ja null spirituelle Erfahrung und wusste nichts über deren Zusammenhänge. Bis dahin war ich vollständig unbewusst.

Zuhause angekommen, hielt diese neue Kraft in mir einige Jahre an. Ich genoss das Leben, begann wieder in das alte Rennen einzutauchen, und bemerkte gar nicht, dass diese Kraft langsam schleichend wieder abnahm. Mann nennt dies auch eine Ehrenrunde.

Im September 2003 war ich dann wieder völlig am Ende. Sowohl seelisch als auch körperlich, erinnerte mich jedoch noch an die gute Zeit 1998 im Kloster. So führte mein Weg mich wieder in das Kloster. Dieses Mal war ich einfach ohne Anmeldung dahingefahren und fragte, ob ich ein paar Tage bleiben könne, ich hätte mich verlaufen. Gott sei Dank konnte ich vier Tage und drei Nächte dableiben. Eine Woche wäre sicherlich besser gewesen, aber das Haus war danach voll belegt.

Schon als ich das Kloster von weitem sah, fühlte ich, dass ich auf meinem Weg ein großes Stück weiterkommen würde. Ich legte mich in meinem Zimmer wieder auf das Bett und ließ alles geschehen, was geschehen wollte. Meine Seele beruhigte sich zusehends, und das Abendgebet tat sein Übriges. Die ganze Nacht, wie auch die folgenden zwei, lag ich wach, oder besser gesagt in einem Trance-Zustand im Bett, und habe alles was ich erlebte, mit ins Tagesbewusstsein übernommen. Ich begann zu beten, nur wusste ich gar nicht, wie man richtig betet. Das lernte ich erst in den folgenden Nächten. In dieser Nacht sollte erst etwas Grundsätzliches geschehen. Ich musste mich zuerst bedingungslos in Gottes Hand begeben, und das war ein Kampf, der Stunden andauerte. Es war der Kampf mit meinem Ego. Immer wieder betete ich: „Dein Wille geschehe, wie im Himmel so auch auf Erden.“ Und jedes Mal bekam ich zur Antwort: „Dann lasse los“, und mein Ego antwortete: „Aber wenn du mich dann sofort zu dir holst, bin ich ja tot.“ Zur Antwort bekam ich: „Dann bist du noch nicht so weit“, und der Kampf ging von Neuem los. Es dauerte Stunden, bis mein Ego endlich aufgab, und ich aus der Tiefe meines Herzens sagte: „Ja, Gott Vater, Dein Wille geschehe, und wenn du mich jetzt gleich aus dem Leben nehmen willst, so tue es. Es ist mein tiefster Wunsch, ganz Dein zu sein, so wie du es willst.“ Danach lag ich die ganze Nacht in tiefem Seelenfrieden auf dem Bett und harrte der Dinge, aber es geschah nichts. Gegen Morgen fragte ich Gott, weshalb er mich denn nicht geholt habe, und bekam zur Antwort: „Lieber Peter, was soll ich mit dir denn im Himmel, du wirst doch auf der Erde gebraucht. Dein Ego war jedoch so stark, und musste zuerst besiegt werden. Jetzt gehe ins Frühgebet und danach frühstücken.“ Dieses Frühstück war seit Wochen die erste Mahlzeit mit Appetit. Vorher habe ich fast nichts mehr essen können. Den Tag über ging ich viel im Wald spazieren und hielt mich lange in der Klosterkapelle auf. Nachmittags hatte ich dann ein Gespräch mit dem im Vorwort erwähnten Mönch, und ich erzählte ihm von den Geschehnissen in der Nacht. Er lächelte mich an und sagte: „Ihnen ist eine unendliche Gnade widerfahren. Sie tun gut daran, Gott dafür zu danken.“ Während des Abendgebets tat ich dies auch, und freute mich auf die Nacht. In dieser Nacht lernte ich das Beten, und vor allem auch mit meiner Seele und meinem höheren Selbst zu kommunizieren. Die ganze Nacht über stellte ich Fragen, die mein Leben und den Sinn meines Seins betrafen, und meine Seele antwortete mir bereitwillig. Alle Angst, in dieser Form zu kommunizieren, war überwunden, und so lernte ich auch die Fragen so zu stellen, dass ich die Antworten verstehen konnte.

Das möchte ich im Folgenden beschreiben. Zunächst einmal musste ich das kindliche Beten, so wie ich es früher in der Kirche als Messdiener erlernt hatte, ablegen, und beginnen, wie ein erwachsener Mensch zu beten. Das heißt: Ich musste klare Aussagen treffen und vor allem auch klare Fragen an meine Seele und an Gott stellen. Wenn meine Fragen nicht klar mit ja oder nein zu beantworten waren, gab es keine Antwort. Stattdessen wurde ich eingeladen, die Frage neu zu stellen, und so lernte ich, indem ich es einfach tat. Als ich dann die erste Frage klar gedacht hatte und die Antwort nur ja oder nein sein konnte, erhielt ich auch schon die Antwort. Mein Herz oder besser die Seele in meiner Brust öffnete sich, und es durchströmte mich eine Woge der Seligkeit. Das war die Antwort „ja“ auf meine Frage, wie ich später herausfand. Nachdem ich die nächste Frage gestellt hatte, blieb alles in meiner Brust ruhig, und ich wurde auch nicht eingeladen, erneut zu fragen. Das war die Antwort „nein“. Nun wusste ich, wie es geht, und fragte die ganze Nacht durch, all die Dinge, die mich bewegten.

Jahre später las ich ähnliche Beschreibungen in dem Roman ›Kenelm Chillingly‹ von Edward Bulwer-Lytton, der bereits im Jahr 1872 geschrieben wurde, und im Jahr 2009 bei Achilla Presse neu erschienen ist.

Am nächsten Morgen sprach ich mit dem Mönch über meine Erlebnisse in der Nacht und fragte ihn, ob ich meine Seele mit den vielen Fragen überfordert hatte. Er lächelte mich wieder an und antwortete: „Machen Sie sich keine Sorgen. Ihre Seele kann viel mehr, als Sie sich vorstellen können.“ So verbrachte ich den Tag wieder in der Stille und gegen Abend sprach ich mit einer anderen Person über das, was mir begegnet ist. Dabei stieß ich auf blankes Entsetzen seitens dieser Frau und bekam es mit der Angst zu tun. Ich dachte, Gottes Geheimnis verraten zu haben.

Was ich als nächstes beschreibe, ist auch sehr wichtig, um das nächste Kapitel ›Bewusstseinserweiterung durch Drogen und deren ungeahnte Gefahren‹ zu verstehen.

Im Abendgebet erlebte ich eine Panikattacke, wie ich sie noch nie vorher erfahren hatte. Mein ganzer Körper heizte schlagartig auf und ich schwitzte aus allen Poren. Wie ich die Gebetszeit überstanden habe, weiß ich nicht mehr. Als der letzte Psalm gesprochen war, bin ich aus der Kapelle in mein Zimmer geflüchtet und habe die Tür verschlossen. Nur ein Gedanke beherrschte mich: Ich habe Gottes Geheimnis verraten und das ist Gottes Strafe. Mein Leben ist jetzt zu Ende. Ich lag mehrere Stunden in einem der Epilepsie ähnlichen Anfall mit dem Rücken auf dem Bett. Arme und Beine waren über den Körper zusammengezogen und völlig verkrampft. Während der ganzen Zeit bat ich Gott um Verzeihung und sagte ihm, dass ich doch noch lernen muss, mit diesem Wissen umzugehen.

Nach einiger Zeit löste sich der Krampf, und ich fand wieder Kontakt zu meiner Seele. Im Laufe der Nacht kehrte der tiefe Seelenfrieden wieder zurück und ich wusste, dass Gott nicht nachtragend ist.

Am nächsten Morgen hatte ich ein letztes Gespräch mit dem Mönch und erzählte ihm von dem Geschehenen. Dabei sagte ich: „Und das war Gottes Strafe, da ich darüber gesprochen habe."

Lächelnd gab er mir zur Antwort: „Im Abendgebet habe ich bemerkt, was bei ihnen los war. Vielleicht wollte Gott ihnen nur etwas zeigen und sie gar nicht bestrafen.“ Er lud mich ein, darüber einmal nachzudenken und nahm mir noch die Beichte ab, um die ich ihn gebeten hatte. Zur Buße gab er mir auf, ein großes Glas Wasser zu trinken, was ich mit Freuden tat.

In der nächsten Zeit dachte ich immer wieder über die Worte des Mönches nach, und fand mehr und mehr Antworten. Dabei war mir die Seelenkommunikation wieder eine große Hilfe. Mir wurde klar, dass ich ja nur durch Fehler lernen kann, und Gott mich tatsächlich nicht bestraft hat, sondern lediglich auf einen kleinen Fehler hingewiesen hatte.

Die Botschaft darin war: „Sei vorsichtig, mit wem du über solche Dinge sprichst, und sprich erst dann darüber, wenn du dieses neue Wissen in dir ganz verinnerlicht hast.“

Was die Panikattacke und das Aufheizen und Verkrampfen des Körpers anbelangt, bekam ich die Antwort ca. zwei Monate später Zuhause. Ich saß abends in meiner Wohnung, als ich bemerkte, dass wieder so ein Energieschub wie bei dem Abendgebet im Kloster kam. Ich saß auf dem Sofa und widersetzte mich diesem Energieschub nicht mehr. Dabei bemerkte ich, wie der ganze Körper zu Energie wurde. Alles in mir wurde zur strömenden Energie. Ich wurde mehr und mehr zu einem Medium. Die Angst vor diesem Gefühl, die zwei Monate zuvor den Krampfanfall ausgelöst hatte, war nicht mehr da. Es war also nicht die Strafe Gottes, die mir widerfahren war, sondern Gott hatte mich lediglich an diese Form der Energie herangeführt. Dieser Zustand dauerte wieder ca. zwei Stunden und ich konnte mich dabei sogar bewegen. Danach bemerkte ich, dass mein ganzer Körper ausgekühlt war, obwohl ich vor dem Kamin gesessen hatte.

Auch darüber sprach ich kurze Zeit später mit dem Mönch, und dieser gab mir lächelnd zur Antwort: „Ist es nicht schön, so einen Lehrer und Meister zu haben."

Weitere fünf Monate später bemerkte ich nachmittags, während ich auf einem Campingplatz duschte, dass diese Energiewelle sich ankündigte. Diesmal war ich schlauer. Ich trocknete mich schnell ab, ging in meinen Wohnwagen und legte mich unter die Decke. Ich freute mich regelrecht darauf, und als diese Welle zwei Stunden später zu Ende war, war mein Körper auch wunderschön warm. Ich hatte schon wieder dazugelernt. Vor allen Dingen hatte sich das, was bei mir ein halbes Jahr vorher noch eine Panikattacke ausgelöst hatte, in das schönste Gefühl, das man als Mensch erfahren kann, verwandelt. Seit dem verstehe ich das Höhlengleichnis des Platon.

Diese Energiewellen kommen seitdem in unregelmäßigen Abständen, jedoch nie, wenn ich sie will. Auch haben sie mich noch nie bei meinem aktiven Leben behindert. Im letzten Sommer war ich auf einem Festival und tanzte am letzten Abend zu afrikanischer Trommelmusik. Binnen kürzester Zeit war ich wieder in diese Energiewelle eingetaucht und tanzte zwei Stunden, ohne einmal die Füße vom Boden zu heben. Der ganze Körper war in Bewegung, nur noch Energie und die Füße waren fest mit Mutter Erde verwurzelt.

a. Viele Wege führen nach Rom

Mein Weg führte mich in ein Kloster. Das ist ein Weg von vielen. Egal welchen Weg Sie gehen, eines ist auf allen Wegen gleich: Bewusstseinserweiterung geschieht ausschließlich in der Stille. Damit ist jedoch nicht die äußere Stille gemeint. Die kann dabei zwar sehr hilfreich sein, aber die innere Stille ist entscheidend. Die Stille des eigenen Verstandes. Gehe ich in ein Kloster und nehme Bücher und Zeitungen mit, habe ich im Außen die Stille des Klosters und bin auch in dem energetischen Feld der betenden Mönche. Mein Verstand ist aber in den Texten, die ich lese, und die sind alles andere als still. Es bringt letztendlich nichts. Mache ich eine Woche Holz im Wald, und gelingt es mir, nur noch Holz zu machen, und mit meinen Gedanken nicht mehr abzuschweifen, werde ich leer. Egal, ob dabei eine laute Motorsäge im Einsatz ist oder nicht. Und diese Leere ist erforderlich, um wirklich Neues zu erfahren.

Eine gute Hilfe, sich für sein höheres Selbst zu öffnen, ist auch, den eigenen Körper liebevoll zu streicheln. Legen Sie sich dazu mit dem Rücken still auf Ihr Bett und beginnen Sie bewusst tief und langsam zu atmen. Bringen Sie Ein- und Ausatmen in einen gleichmäßigen Rhythmus. Beginnen Sie anschließend, Ihren eigenen Körper liebevoll zu streicheln. Dabei können Sie mit Ihrem Körper in Gedanken oder Worten sprechen. Machen Sie Ihrem eigenen Körper eine Liebeserklärung. Sagen Sie ihm Worte wie: „Ja, mein lieber Körper, ich liebe dich und ich bin oft nicht gut mit dir umgegangen. Es tut mir leid, ich konnte einfach noch nicht anders. Jetzt nehme ich mir Zeit für dich."

Schauen Sie, welche Worte bei Ihnen kommen und benutzen Sie diese.

Sollte Ihnen diese Übung anfangs schwer fallen, so können Sie Ihren Körper auch erst einmal bewusst und liebevoll eincremen. Nach und nach wird es immer leichter.

Das ist übrigens auch eine sehr gute Methode, um die Selbstheilungskräfte bei einer Krankheit zu aktivieren. Dabei können Sie die erkrankten Körperteile und Organe bewusst ansprechen. Legen Sie unterstützend Ihre Hände auf diese Körperregion und achten Sie darauf, dass die Hände sich nicht berühren.

Dies ersetzt natürlich keine medizinische Versorgung, sondern dient der reinen Unterstützung.

Am Anfang dieses Kapitels schrieb ich, dass ich 2003 auch körperlich am Ende war. Ich hatte Knochenschwund. Die Knochendichte betrug zu dieser Zeit noch 67%, und die Ärzte haben mir gesagt, dass ich keine 5 kg mehr heben darf. Meine Wirbel könnten jeden Augenblick einbrechen. Als ich dann im Kloster war, fühlte ich, dass ich meine Gesundheit wiedererlangen werde. Im Februar 2004 ergab eine erneute Untersuchung eine Knochendichte von 89%. Die Ärzte konnten sich dies nicht mehr erklären, da ich die Medikamente, die ich nehmen sollte nicht vertragen hatte, und somit auch nicht eingenommen habe. Da ich in der Zwischenzeit dazugelernt habe, verzichtete ich darauf, dies zu erklären. So dankte ich im Gebet Gott für diese Gnade, und meinem Körper, dass er sich wieder aufgebaut hatte. Wenn ich heute einen dicken Findling sehe und diesen haben möchte, so nehme ich ihn mit, wenn meine Muskelkraft dafür ausreicht.

b. Umgang mit Seminaren

Viele Seminarleiter sind in der Lage, ein energetisches Feld aufzubauen. Das ist eine Grundvoraussetzung, um überhaupt Seminare halten zu können. Ob der berühmte Funke jedoch überspringt, liegt ausschließlich an dem Seminarteilnehmer. Gehe ich mit einer Erwartung in ein Seminar, bin ich schon im Verstand. Die Erfahrung bleibt dann aus.

Vor einiger Zeit las ich im Seminar-Programm einer Kinesiologin den Satz: ›Wir nehmen Kontakt mit unserem höheren Selbst auf‹. Sie hat es, wie ich finde, nicht schön ausgedrückt, denn wenn „ich" etwas tue, dann spreche ich von einer Tätigkeit des Egos. Bewusstseinserweiterung jedoch ist eine Gnade, ein Geschenk. Ich kann mich nur leer machen und auf Empfang stellen. Mehr nicht. Das höhere Selbst ist der göttliche Teil in uns, und das Göttliche kommt zu uns, nicht umgekehrt.

Im Kloster traf ich einmal einen Psychologen. Er erzählte mir, dass er seit 17 Jahren jeden Morgen von drei bis sechs Uhr meditiere. „Mehr kann ich nicht tun", sagte er. „Ich biete mich an, mache mich leer, und alles andere liegt an Gott." Immer wieder lese und höre ich über die bedingungslose Liebe und die meisten, die darüber sprechen, stellen permanent Bedingungen. Ich gehe in ein Seminar, damit mein Bewusstsein sich erweitert. Dies ist eine klare Bedingung.

Bei meinen Wochenendseminaren für Eltern und Kinder, in denen ich das Talent des Bilderdenkens erfahrbar mache, weil dies oft der Grund für Legasthenie und AD(H)S ist, beginne ich mit folgendem Satz: „Es ist gleichgültig, ob einer von Ihnen bei diesem Seminar die Erfahrung des Bilderdenkens macht oder nicht.“ Die Teilnehmer werden kreidebleich und schlucken schwer, denn sie fürchten, sie haben möglicherweise unnötig Geld bezahlt. Anschließend erkläre ich die Bedeutung des Wortes „gleichgültig“. Ein Ausweis der gültig ist, berechtigt mich zum Reisen zwischen den Ländern. Und gleich heißt: Jeder ist gleich. Du liebes Kind oder lieber Erwachsener bist gleich gültig, egal, ob du jetzt die Erfahrung machst oder nicht. Egal, ob es beim ersten Versuch oder beim zweiten klappt. Du bist gleich gültig, gleichwertig. Und wisst Ihr was, auch ich bin gleich gültig, egal ob es mir beim ersten oder zweiten Mal gelingt. In diesem Moment fällt aller Druck von den Teilnehmern ab, und keiner stellt mehr eine Bedingung. Ich auch nicht. Jetzt arbeiten und lernen wir aus der Leichtigkeit des Seins.

Um sein Bewusstsein zu erweitern, ist es jedoch erforderlich, die alten Traumata aufzuarbeiten und Frieden zu schließen. Dabei können Familienaufstellungen sehr hilfreich sein. Auch bieten die verschiedenen Religionen gute Hilfen an. So war mir die Gottesmutter Maria eine große Hilfe. Als ich den Schmerz des verletzten inneren Kindes zuließ, heilte er gleichzeitig. Da war es Maria, die mich regelmäßig tröstete und mir die Mutterliebe gab, die ich als Kind zu wenig erfahren hatte. Auch tat es mir gut, wenn ich einmal wieder einen Bock geschossen hatte, was übrigens jedem Menschen immer wieder mal passiert, mich in einer leeren Kirche einfach niederzuknien und Gott um Vergebung und Hilfe zu bitten. Die Erlösung aus der Situation erfolgte sofort. Auch kamen oft die Antworten auf meine Fragen unmittelbar nach dem Verlassen der Kirche. Es begegneten mir dann Menschen, die mir Dinge sagten, die in dem Moment sehr wichtig für mich waren. Es ist gut, dafür in eine leere Kirche zu gehen. Wir sind dann unbefangener und authentischer. Jesus sagte schon: „Wenn du beten willst, geh in deine Kammer und verschließe die Tür. Die Menschen, die auf den Straßen und Plätzen beten, sind Heuchler.“

Da ich kein Religionsexperte bin, kann ich nicht viel über andere Religionen schreiben. Ich lade Sie ein, Ihren persönlichen Weg, in welcher Religion auch immer, zu finden. Bei Christen gibt es Kontemplationsseminare, bei Buddhisten heißt es Zen-Meditation, doch eines ist allen gemeinsam. Sie führen in die Stille. In dem Buch ›Kraft aus dem Schweigen‹ beschreibt der katholische Mönch Hugo M. Enomiya Lassalle die Einübung in die Zen-Meditation. Ein katholischer Priester lehrt buddhistische Methoden. Hier sehen wir, wie eins und gleich die Religionen eigentlich sind. Auch war dieser Mönch mit 12 anderen bei dem Atombombenabwurf auf Hiroshima nur 1,2 Kilometer vom Explosionszentrum entfernt. Diese Gruppe Mönche hatte den Angriff überlebt. Lassalle starb 1996 in hohem Alter in einem Münsteraner Altersheim. Welche Kraft hatte er aus dem Schweigen gewonnen?

Und noch etwas Wichtiges zum Umgang mit Seminaren. Kürzlich sprach ich mit einem Psychologen über bewusstseinserweiternde Seminare. Dabei gestand er mir, dass er schon ein schlechtes Gewissen habe, dass solche Seminare immer so teuer seien und arme Menschen, vor allem auch die in den Entwicklungsländern, sich so etwas nicht leisten könnten. Da lächelte ich ihn an und erzählte ihm von einem Erlebnis, das ich im Sommer 2005 in La Rochelle am französischen Atlantik hatte.

Dort traf ich einen Straßenmaler, der sich selber malte, nämlich malend auf der Straße liegend, ohne jedoch einen Spiegel zu benutzen. Wie machte er das? Meinem Sohn und mir war die Antwort klar. Er geht mit seinem Bewusstsein aus seinem Körper und sieht sich selber auf der Straße liegen. Er malte das, was sein Bewusstsein sah, mit seinem physischen Körper auf die Straße. Dieser Mann strahlte so viel Ruhe und Kraft aus. Das faszinierte eine Traube von Menschen. Er besaß einen alten Handwagen, einen Rauhaardackel, ein Döschen Bier und ein Zigarillo. Was soll solch ein bewusster Mann in einem Seminar? Ach ja, klar, er könnte es leiten.

Auch erzählte ich ihm von einem 70-jährigen Mann, mit dem ich einige Tage auf einem Zimmer im Krankenhaus gelegen hatte. Dieser Mann hatte Leberkrebs in fortgeschrittenem Stadium. Der Chefarzt wollte ihn noch operieren, um, so sagte er, sein Leben um ein halbes Jahr zu verlängern. Der Mann gab ihm ruhig zur Antwort: „Ich möchte nicht operiert werden“, was den Arzt bald wahnsinnig machte. Er versuchte mit allen Mitteln, ihn zu überreden, was ihm jedoch nicht gelang. Nachdem der Arzt das Zimmer verlassen hatte, sagte er zu mir: „Ich weiß gar nicht, was der hat. Ich weiß, dass ich Leberkrebs habe und bald sterben werde. Was ist denn daran so schlimm. Ich habe mein Leben doch gelebt. Meine Frau kommt auch ohne mich zurecht und meine Kinder sind groß. Das Schönste allerdings ist, dass ich überhaupt keine Schmerzen habe, was bei Leberkrebs medizinisch als unmöglich angesehen wird.“

Dieser Mann war ein einfacher Arbeiter, der noch nie ein Seminar besucht hatte. War er erleuchtet? Einfach so?

Wir in der westlichen „zivilisierten“ Welt sind ein seelisches Entwicklungsland und täten gut daran, seelische Entwicklungshelfer aus den angeblichen Entwicklungsländern zu holen.

Eine letzte Anmerkung zum Umgang mit Seminaren. Seminare können sehr hilfreich sein, aber der entscheidende Schritt findet ausschließlich in Ihnen statt. Wenn Sie bei der Auswahl von Seminaren auf Ihren Bauch, bzw. Ihr Herz hören, werden Sie auch die richtigen für sich finden. Früher sollte man sich nach dem Bauchgefühl richten. Ist das aber noch richtig? Dort sitzt das Gedärm – der alte Instinkt. Die Seele wohnt jedoch im Herzen und allmählich sollten wir uns daran gewöhnen.

c. Bewusstseinserweiterung in der Partnerschaft

Vor einigen Jahren nahm ich an einem Labyrinth-Seminar mit Gernot Candolini teil. Er erzählte, dass er sich mit seiner Frau und seinem kleinen Kind für ein Jahr mit einem Wohnwagen auf eine Reise zu den Labyrinthen Europas begeben hatte. Dafür hatten sie beide ihre Arbeit aufgegeben und die Wohnung aufgelöst. Daraufhin sagte eine Teilnehmerin: „Du konntest das so machen, da du ja auch eine Frau hast, die dich dabei begleitet hat. Ich bin aber alleine und daher kann ich diesen Weg nicht gehen."

Einige Zeit später sagte eine andere Frau in einem meiner Seminare: „Peter, du konntest diesen Weg so gehen, da du ja niemanden hast, auf den du Rücksicht nehmen musst."

Es ist interessant, dass wir Menschen immer wieder das suchen, was der andere hat, und ich selber nicht habe. Das soll dann der Grund sein, weshalb ich diesen entscheidenden Schritt nicht gehen könne. Sobald wir dieses alte Muster jedoch durchschaut haben, sind wir einen großen Schritt weiter in der eigenen Bewusstwerdung.

Diesen Weg in einer Partnerschaft zu gehen, ist jedoch auch eine besondere Herausforderung. Entschließt sich einer der Partner, einen Schritt weiter zu gehen, so ist es hilfreich, mit dem anderen vorher darüber zu sprechen. Erweitert sich unser Bewusstsein, so kommen wir in eine Region, die uns bisher noch nicht bekannt war. Wir müssen dann erst lernen, damit klar zu kommen. Theresa von Avila schrieb dazu in ihrem Buch „Die innere Burg": „Schwestern fürchtet euch nicht, auch wenn ihr glaubt, nicht mehr zu wissen, wer ihr seid. Dies ist der Weg.“ Spreche ich mit dem Partner vorher über meinen zukünftigen Schritt, kann ich ihn bitten, in dieser Zeit selber keinen eigenen zu tun, um eine Art Rettungsnetz zu sein. Habe ich dann in der neuen Bewusstseinsebene Fuß gefasst und fühle mich dort sicher, kann ich mit meinem Partner ausmachen, jetzt die Seiten zu wechseln. Solange mein Partner auf dem Weg ist, sollte ich selber natürlich keinen Schritt weiter gehen, damit ich nun meinem Partner als Rettungsanker zur Verfügung stehen kann.

Dies liest sich allerdings leichter, als es in Wirklichkeit ist. Unser Ego neigt allzu schnell dazu, zu denken: „Warum soll ich denn jetzt warten, während mein Partner sich weiterentwickelt. Ich will mich doch auch entwickeln.“ Daran zerbrechen viele Partnerschaften. Diese vom Ego gesteuerte Situation in einer Partnerschaft zu überwinden, ist ein großer Schritt in Richtung Bewusstwerdung.

Gehen jedoch beide Partner gleichzeitig einen Schritt weiter, so hat eventuell keiner mehr Halt in der alten Bewusstseinsebene und noch keiner wirklich Fuß gefasst. Auch diese Partnerschaften zerbrechen oft.

Die Bewusstseinserweiterung im Wechsel zu durchleben, bedarf jedoch des bedingungslosen Vertrauens der Partner untereinander. Auch wird durch diese Vorgehensweise das Vertrauen zu einander noch einmal gefestigt. Probieren Sie es aus, und lassen Sie sich überraschen, wie reichhaltig das Geschenk dieser Erfahrung ist.

Viele Jahre meines Lebens habe ich alleine gelebt und kenne viel davon, den Weg ohne Partner/In zu gehen. Eine Zeit lang hatte ich jedoch wieder eine Partnerin und durfte die Erfahrungen machen, einen Weg gemeinsam zu gehen. Ich habe dieses Buch in ihrem Haus geschrieben und sie hat mir den Rücken frei gehalten. Das Schreiben eines Buches ist ebenso ein Prozess der Bewusstwerdung. Dafür möchte ich mich an dieser Stelle bei meiner damaligen Partnerin von ganzem Herzen bedanken. Auch hat sie angekündigt, nach Beendigung dieses Buches selber wieder einen Schritt weiter zu gehen. Folgerichtig ist es dann meine Aufgabe, ihr den Rücken freizuhalten.

Sollte es dann allerdings nur bei einer Ankündigung bleiben und der Partner tatsächlich nicht weiter gehen, so sollte man die Beziehung beenden. Trennen wir uns nicht, kann uns der Partner wieder nach unten ziehen. Das geht auf Kosten der gesamten Lebenskraft, und das kann tödlich auf das Seelenleben wirken. Dabei ist aber wichtig, den Rückzug mit liebendem Herzen zu tun – ohne Groll und ohne Wut.

Das Manuskript zu diesem Buch habe ich schon vor einigen Jahren geschrieben. Kurz vor Erscheinen der Ausgabe habe ich mich wiederum von dieser Partnerin getrennt. Es war leider bei der Ankündigung geblieben. Drei Jahre waren inzwischen vergangen – eindeutig zu lange Zeit, denn mir ging es immer schlechter. Das war mal wieder eine der berühmten Ehrenrunden von mir. Ich bin halt ein Steinbock.....

d. Seelische Familienerbschaften und deren Auflösungen

Darüber möchte ich in diesem Buch nicht so viel schreiben, da ich dieses Thema in dem Buch „Die Welt der Bilderdenker“ bereits ausführlich beschrieben habe. Es gehört jedoch unabwendbar dazu. Wir alle sind in eine Familie hineingeboren und haben dadurch Konditionierungen und Muster unserer Vorfahren übernommen, die aufgelöst werden wollen. Hierbei können Familienaufstellungen hilfreich sein. Es gibt bei den Mormonen, einer christlichen Kirche, Zentralarchive für Ihre eventuell notwendige Ahnenforschung. Denn diese steht allen Menschen zur Verfügung.

Versuchen wir jedoch vom Verstand her unsere Ursprungsfamilie zu durchleuchten, besteht die Gefahr, dass wir uns in Themen einmischen, die nicht in unserem Aufgabenbereich liegen. Dadurch mischen wir uns leicht in die Auflösungsaufgaben anderer Familienangehöriger ein, was zu einer Disharmonie in der Familie führen kann. Begeben wir uns jedoch zuerst bedingungslos in Gottes Hand, wie zuvor beschrieben, kann dies nicht mehr passieren. Das Gebet: „Dein Wille geschehe, wie im Himmel, so auch auf Erden“, unterstützt uns dabei. Die Dinge, die anzuschauen und aufzulösen sind, kommen so auf uns zu, ohne dass unser Verstand aktiv wird. Begeben wir uns während eines solchen Prozesses bedingungslos in Gottes Hand, so wird das Leben uns auch führen, und die erforderlichen Handlungen erfolgen durch uns. Das Leben führt uns. Gott ist das Leben und Gott ist die Liebe.

Auch kann ich Ihnen aus der persönlichen Erfahrung heraus sagen, dass der Satz in der Bibel „Es wird uns nie mehr eingeschenkt, als wir in der Lage sind zu tragen", stimmt. Gehen Sie mit Gottvertrauen an eine solche Aufgabe heran, kann sie nicht schief gehen. Und lassen Sie sich überraschen, welche Belohnung in Ihrem Herzen dann auf Sie wartet. Diese wunderbare Erfahrung wünsche ich Ihnen und mir von ganzem Herzen.

Dieses Kapitel geht jetzt zu Ende; manch ein Leser wird vielleicht enttäuscht sein, dass ich hier keine Fahrpläne für die Bewusstseinserweiterung zur Auswahl stelle. Das tue ich nicht, da es unmöglich ist. Der Mensch ist ein Individuum, und so hat jeder seinen eigenen Weg. Begeben Sie sich einfach in den Fluss des Lebens, und Ihr Weg wird sich Ihnen zeigen. Wenn Sie achtsam leben, werden Sie die Hinweise auch erkennen. Sollten Sie einen Hinweis jedoch einmal übersehen haben, sorgen Sie sich nicht. Gott ist geduldig, er zeigt es Ihnen wieder.

In Kapitel 10 beschreibe ich einen Weg, den Sie, wenn es für Sie stimmig ist, gehen können.

4.

Bewusstseinserweiterung durch Drogen und deren ungeahnte Gefahren

Wie schon im Vorwort erwähnt, liegt mir dieses Kapitel besonders am Herzen, und ich lade die Wissenschaftler und Ärzte ein, das von mir Beschriebene zu erforschen und dann natürlich auch zu bestätigen. Auch erwähne ich noch einmal ausdrücklich, dass ich keinen Anspruch auf Richtigkeit des von mir Beschriebenen stelle.

In diesem Kapitel beschreibe ich Situationen, die ich im Laufe meines Lebens erlebt habe, die mit Energieschüben, Fieber und anderen unerklärlichen Ereignissen zu tun hatten. Durch das Gespräch mit einem befreundeten Psychologen im Oktober 2009, ich erwähnte es bereits im Vorwort, wurde mir klar, dass ich meine Erfahrungen weitergeben muss. So beschreibe ich als erstes, was während dieses Gespräches in mir vorging.

Als Bilderdenker öffneten sich bei mir, nahezu zeitgleich, Situationen, die ich mit Drogen, Fieber oder Energieschüben in einem Zeitraum von 30 Jahren erlebt hatte. Stellen Sie sich das so vor: Vor Ihrem inneren Auge erscheint ein Bildschirm, auf dem sich mehrere Fenster nebeneinander öffnen. Sie sehen zeitgleich die verschiedenen Situationen über 30 Jahre verteilt, die mit diesem Thema verbunden sind. Alles andere ist ausgeblendet. Die verschiedenen Ereignisse vernetzten sich, und die Antwort auf seine Frage „Warum passiert das?“

– war da. Diese Antwort erfahren Sie zum Ende dieses Kapitels.

Ist die Aufarbeitung der eigenen Vergangenheit jedoch noch nicht abgeschlossen, so werden entweder die ehemals schmerzlichen Situationen ausgeblendet, oder aber ihr Fokus springt in eines dieser Fenster hinein, und lädt Sie damit ein, diese alten Emotionen zu neutralisieren. Die Zusammenhänge der selbst erlebten Erfahrungen des Lebens bleiben somit noch verschlossen. Hier wird noch einmal deutlich, wie wichtig die Aufarbeitung der Vergangenheit ist.

Nachfolgend führe ich die „Überschriften" der einzelnen „Fenster" chronologisch auf.

1 März 1980: Gespräche mit einem Heroinabhängigen

2 März 1984: Regelmäßige, in kurzen Abständen wiederkehrende Fieberschübe bis nahe an die Exitusgrenze.

3 September 2003: Erfahrungen im Kloster.

4 November 2003: Erfahrungen Zuhause.

5 April 2004: Erfahrungen auf einem Campingplatz.

6 Juli 2009: Vortragsgast auf einem Musikfestival, bei dem Viele Drogen genommen hatten.

Als nächstes möchte ich die Erlebnisse, die in den verschiedenen Fenstern auftauchten, beschreiben. Einige dieser Erlebnisse hatte ich bereits im vorigen Kapitel ausführlich beschrieben.

1 März 1980 - Gespräche mit einem Heroinabhängigen.

Am 1. Januar 1980 ging ich nach der Grundausbildung als Soldat auf ein Kriegsschiff. Schnell bemerkte ich, dass ich die Zeit auf dem Schiff seelisch nicht überleben kann. Die Energie war nur zerstörerisch, und dabei, auch mich zu zerstören. Deshalb suchte ich das Gespräch mit dem Militärpfarrer und bat ihn, mir zu helfen, dort wieder runter zu kommen.

Der Pfarrer sagte: „Es gibt nur eine Möglichkeit, von dem Schiff freizukommen. Dazu brauchen Sie jedoch sehr viel Mut." – „Sagen Sie mir, was ich tun kann", gab ich zur Antwort. „Ich möchte noch weiter leben." Er antwortete: „Sie müssen sich in die Psychiatrie einweisen lassen, man kann Ihnen eine psychische Störung bestätigen, die Ihre Arbeit auf einem Schiff unmöglich macht. Wenn Sie wollen, leite ich alles Notwendige ein." Ich willigte ein, und einen Tag später war ich als Patient in einem Landeskrankenhaus in Schleswig-Holstein. Was ich zu diesem Zeitpunkt nicht wusste, war, dass dieses in meiner Personalakte vermerkt wurde, und so keine Möglichkeit mehr bestand, in einem öffentlichen Amt tätig zu werden.

Das Zimmer in dem LKH teilte ich mit zwei Schwerst-Heroinabhängigen, die genauso wie ich, Freigänger waren. Zu einem der beiden baute sich eine Freundschaft auf, die ich heute als Seelenverwandtschaft bezeichne. Frank, so war sein Name, sagte eines morgens zu mir: „Peter, du hast doch einen Führerschein. Kannst du mit mir nach Hamburg fahren? Ich möchte gerne ein paar Freunde besuchen, und ein Auto habe ich hier.“ Ich willigte ein, und so fuhren wir nach Hamburg. Alle seine Freunde waren auch drogenabhängig, und so nahm ich das erste Mal in meinem Leben an einer Opiumsitzung teil. Auf der Rückfahrt sagte er zu mir: „Peter, Drogen brauchst du nicht. Dein Bewusstsein ist so schon frei, und alles was noch fehlt, schaffst du auch ohne Drogen. Bei mir ist es zu spät, ich habe zu lange daran festgehalten und komme nicht mehr davon los.“ Ein Drogenabhängiger hat mich somit vor den Gefahren der Droge bewahrt. Deshalb widme ich dieses Kapitel meinem Seelenverwandten. Danke lieber Frank.

2 März 1984 – Regelmäßige, in kurzen Abständen wiederkehrende Fieberschübe bis nahe an die Exitusgrenze.

Im Januar 1984 begann ich die Meisterschule in Heide, Schleswig-Holstein. Die Schule war berüchtigt für ihre hohe Durchfallquote von 80 %. Im März 1984 bekam ich dann über Nacht eine faustgroße Beule an der linken Niere und zeitgleich sehr hohes Fieber. Am nächsten Morgen kam ich dann ins Krankenhaus und die Ärzte bemühten sich, mit Breitbandantibiotika das Fieber zu stoppen. Am Abend war es genau so schnell weg, wie es gekommen war, nur die Beule an der Niere war noch da. Sie untersuchten mich zwei Tage, konnten aber nichts finden. Weder einen Grund für das Fieber, noch für die Beule. Am Abend des zweiten Tages setzte jedoch wieder ein Fieberschub ein und die Ärzte wurden noch nervöser. Alle diese Fieberschübe, so berichteten mir später die Ärzte, gingen bis unmittelbar an die Exitusgrenze. Da sie die Ursache nicht finden konnten, erhöhten sie die Gabe der Breitbandantibiotika drastisch. Das ging ca. 3 Wochen so. Fieber kam und ging, und täglich etliche Spritzen Antibiotika. Eines Tages, ich hatte gerade kein Fieber, stand ein Professor mit einem Pulk Studenten um mein Bett und erklärte ihnen anhand der Fieberkurven und des Blutbildes mein Krankheitsbild. Er sagte: „Dieser Patient hat Fieberschübe, ohne dass eine Ursache dafür zu finden ist, und körpereigene Abwehrstoffe sind nicht nachweisbar. Hier könnte es sich um einen AIDS-Fall handeln. Da können wir nichts machen." Mit diesen Worten verließ der Pulk das Zimmer, und zwei Tage später kam der Stationsarzt ins Zimmer und händigte mir die Entlassungspapiere mit den Worten aus: „Sie könnten noch die Klinik in Frankfurt aufsuchen, die kennen sich besser mit AIDS aus." So fuhr ich, mit der Hoffnung, dass während der Fahrt kein Fieber kommt, nach Frankfurt. Eine kurze Untersuchung fand statt, und dann sagte man mir: „Sie haben sicher kein AIDS. Ihre körpereigene Abwehr ist durch die horrenden Mengen an Antibiotika zerstört worden und die Fieberschübe sind wohl stressbedingt. Unterbrechen Sie die Schule, fahren Sie nach Hause und nehmen Sie sich ganz viel Ruhe, dann bauen sich die Abwehrstoffe wieder auf." Diesem Rat folgte ich. Nach dreimonatiger Pause setzte ich die Schule fort. Die Beule an der Niere ging etwas zurück und ist heute noch deutlich fühlbar, vor allem, wenn ich Stress habe. Sie stört mich jedoch überhaupt nicht mehr.

Heute weiß ich, dass ich damals schon sehr weit offen war für kosmische Energien, jedoch noch keinerlei emotionale Aufarbeitung geleistet hatte. Dann staut sich die Energie im Körper und wird zu Fieber.

Die Erfahrungen 3, 4, 5 und 6 habe ich bereits ausführlich im vorangegangenen Kapitel beschrieben.

Zurück zu dem Gespräch mit dem Psychologen, wie Anfang dieses Kapitels beschrieben, als sich gleichzeitig die zusammenpassenden Bilder der letzten 30 Jahre vor meinem inneren Auge zeigten. Das Abgleichen der Bilder dauerte einige Sekunden, ohne dass ich etwas dazu getan habe. Es geschah einfach. Gleichzeitig hatte ich jedoch auch den Impuls, mit dem Psychologen zu sprechen und so tat ich dies auch. Ich sprach dabei nicht mit dem Verstand, sondern es sprach aus mir heraus.

Hier die Worte, die einfach kamen:

Die Menschen, die spirituell leben und sich mit Bewusstseinserweiterung befassen, haben schon viel über den Schutz der Aura gehört oder gelesen. Die christliche Mystikerin Theresa von Avila beschreibt in ihrem Buch „Die innere Burg“: „Schwestern, schützt euch auf eurem Weg vor dem Gewürm, das überall herumkriecht. Lasst es nicht in eure innere Kammer hinein. Schützt euch solange, bis ihr vollständig mit der Energie Gottes durchströmt seid. Erst dann ist euer Innerstes sicher vor diesen Angriffen.“

Um in diesen Zustand zu gelangen, müssen jedoch alle Emotionen, Verletzungen aus der Kindheit, seelische Familienerbschaften und altes Karma abgearbeitet und neutralisiert sein. Solange dies nicht geschehen ist, müssen wir unsere Aura nach außen hin verschließen. Nehme ich jetzt Drogen, mit dem Wunsch, mein Bewusstsein zu erweitern, kann es sein, dass dieser Wunsch erfüllt wird, und die göttliche, kosmische Kraft strömt in mich hinein. Diese Energie, und da schreibe ich aus der eigenen Erfahrung, kommt mit einer solch unbeschreiblichen Macht, dass man erst lernen muss, damit umzugehen. Vor allem darf ich diese

Kraft nicht für mich zurückhalten. Sie gehört Mutter Erde und allen Mitgeschöpfen. Ist die Aura jedoch noch geschlossen, so explodiert der Körper förmlich durch die einströmende Energie, wenn sie nicht durchfließen kann. Dann wird die Überhitzung des Körpers zu Fieber, was zum Tod führen kann.

Das daraus resultierende Geschehen spricht Jesus mit der Aussage an: „Ihr müsst eure Feinde lieben“ – oder mit dem zweiten Gebot: „Liebe deinen Nächsten wie dich selbst.“ Ein anderes Denken erschafft Energieblockaden. Solange wir mit alten Verletzungen beschäftigt sind, beurteilen wir die Menschen mit Gedanken wie: „Der hat mich so verletzt. Der kriegt keine Energie von mir“. Das erkannte ich im September 2003, als ich den Epilepsie ähnlichen Anfall hatte. Je mehr ich die Kontrolle darüber aufgab, zu welchen Personen und wohin diese geschenkte Energie fließt, um so mehr löste sich die Verkrampfung. Nachdem die Kontrolle meines Egos vollständig aufgelöst war, war auch der Anfall zu Ende. Er kam bis heute nicht wieder.

Von Paulus wird gesagt, dass er bei seinem Zusammenbruch vor den Toren Damaskus’ einen epileptischen Anfall gehabt haben soll. Es war seine Wandlung vom Saulus zum Paulus, die wir alle auch erfahren können. Eine solche Erfahrung wünsche ich allen Menschen.

Noch einmal zurück zu meinem Krankenhausaufenthalt 1984. Eine nahe Verwandte besuchte mich, nachdem der Arzt AIDS vermutete. Diese Frau ist Ernährungswissenschaftlerin und hat auch einen Großteil des Medizinstudiums absolviert. Der Arzt hatte sie im Vorfeld darüber informiert, was er bei mir vermutete. Als sie mein Zimmer betrat, war ihre erste

Aussage: „Peter du hättest uns doch sagen können, dass du schwul bist. Das ist heute doch nicht mehr so schlimm.“ Ich lag völlig geschockt in meinem Bett und sagte ihr, dass dies nicht der Fall sei. Sie ließ meine Aussage jedoch nicht gelten, hatte der Arzt doch etwas von AIDS erzählt. 1984 ging die Medizin noch davon aus, dass AIDS nur bei Homosexuellen vorkommt. Dies war ein deutliches Zeichen, dass sie der Meinung eines Arztes mehr Glauben schenkte als dem betroffenen Menschen selbst. Auch als sich später herausstellte, dass der Arzt mit seiner Vermutung vollständig falsch lag, fand bei ihr keine Einsicht statt, keine Entschuldigung für die Unterstellungen. Sie hatte in der Universität eine Konditionierung übernommen. Ihr wurde implantiert, dass der Arzt mehr über den Patienten weiß als der Patient selber. Dieses Muster herrscht auch heute noch überwiegend vor und ist ein deutliches Zeichen einer Fremdbestimmung. Hier wird auch wieder einmal deutlich, wie wichtig es in Zukunft ist, einen Menschen nicht mehr zu beurteilen, sondern ihm zuzuhören.

Zum Ende dieses Kapitels möchte ich noch etwas über Drogen allgemein schreiben. Ich bin kein Befürworter von Drogen, maße mir jedoch auch nicht an, Menschen, die Drogen nehmen oder genommen haben, zu verurteilen. Dieses Recht habe ich nicht. Zu allen Zeiten sind Drogen benutzt worden, um in ein höheres Bewusstsein zu gelangen. In diesem höheren Bewusstsein gibt es jedoch positive, wie auch negative Energien, wovon das nächste Kapitel handelt.

Zwei Dinge haben sich jedoch in den letzten Jahren entscheidend verändert, die ein Überdenken beim Umgang mit Drogen erfordern. Zum einen sind die Drogen allesamt so in ihrer Wirkung erhöht worden, dass ein Vergleich mit den früheren Drogen nicht mehr möglich ist. Zum anderen hat sich die Schwingung der Erde stark verändert, und die göttlich-kosmische Energie, die zur Erde kommt, um ein Vielfaches erhöht. Das erklärt das Überhitzen der Körper bei Seminaren mit Drogen. Auch werden durch diese Veränderungen unsere Bitten und Wünsche oft unmittelbar erfüllt. Daher der sofortige Anstieg der Energie und somit der Körpertemperatur bei entsprechenden Seminaren.

Menschen, die Drogen nehmen, ohne den Wunsch der Bewusstseinserweiterung zu stellen, bleiben von diesem oft tödlichen Energieschub verschont. Wie lange dies jedoch noch so ist, kann ich nicht sagen.

Als Letztes möchte ich noch einmal darauf hinweisen, dass ich keinen Anspruch stelle, mit dem hier Geschriebenen Recht zu haben. Vielmehr möchte ich Sie einladen, sich Ihre eigenen Gedanken darüber zu machen. Denn Ihre Wahrheit befindet sich ausschließlich in Ihnen selber. Vielleicht finden Sie sich aber in der einen oder anderen Schilderung wieder und erhalten dadurch neue gedankliche Anregungen.

Ich persönlich bin jedoch davon überzeugt, dass wahre Bewusstseinserweiterung nur ohne Drogen und ohne Anwendung von Psychopharmaka möglich ist.

5.

Krankes Bewusstsein oder gesundes Bewusstsein

Was ist das? Alles, was mit Zerstörung zu tun hat, ist krankes Bewusstsein. Und alles, was mit Heilung und Frieden zu tun hat, ist gesundes Bewusstsein. Eigentlich könnte ich das Kapitel mit diesem Satz schon beenden, denn er sagt im Grunde alles aus. So einfach ist dies allerdings doch nicht, denn unser Ego gaukelt uns immer wieder eine falsche Realität von uns selbst vor.

Hierzu ein Beispiel: Eine Frau, die sich seit 30 Jahren mit Spiritualität befasst und im Hauptberuf Erzieherinnen ausbildet, sagte einmal zu mir: „Ich bete seit Jahren für den Frieden auf Erden, und bei meiner Arbeit, Erzieherinnen auszubilden, lehre ich sie genau das, was sie mit Kindern machen müssen, damit sie später in der Welt zurechtkommen.“ Ihr eigener Sohn ist heute 28 Jahre alt, hat noch nie gearbeitet, lebt noch immer bei seiner Mutter und sie finanziert ihm obendrein noch den Alkohol und die Drogen, die er braucht, um die Dominanz seiner Mutter überhaupt ertragen zu können. Er sitzt den ganzen Tag und die halbe Nacht in seinem schwarz eingerichteten und verdunkelten Zimmer und spielt Gewaltspiele am PC.

Dies kann ein Zeichen krankhafter Bewusstseinserweiterung sein. Dann hat die Mutter es versäumt, ihren Sohn freizugeben. Sie wusste immer am besten, was für ihren Sohn das Richtige war. Sie wusste dies, als er 2 Jahre alt war, als er 12 Jahre alt war, als er 22 Jahre alt war, und mit 28 Jahren weiß sie es immer noch am besten.

Im Prinzip ist dies der gleiche Dogmatismus, wie ihn die Kirche über Jahrtausende praktiziert hat und in Teilen auch heute noch ausübt. Eben nur im esoterischen Bereich.

Das Freigeben der eigenen Kinder ist für Eltern wohl die größte Herausforderung bei der Erziehung. Pädagogik – aus dem Griechischen übersetzt – heißt Begleiten und eben nicht Erziehen.

Bei der Begleitung von Menschen ist es wichtig, sie alles selber herausfinden zu lassen, und dann nur noch zu prüfen, ob es positive Energien sind oder negative. Dies ist jedoch eine große Herausforderung und bedarf der eigenen Erfahrungen in diesem Prozess. Was ich selber erlebt und durchlebt habe, kann ich bei anderen begleiten.

Im Prozess der Bewusstseinserweiterung werden wir mit jeder Menge negativer Energien konfrontiert. Wir alle leben in der Dualität und haben somit Licht und Schatten in uns. Das „Böse" ist genauso in jedem von uns, wie auch das „Gute". Unsere Aufgabe besteht darin, das Negative in uns zu erkennen und in positive Energie (Liebe) zu verwandeln. Das ist Transformation. Verdrängen wir negative Energie, bleibt sie als negative Energie auf der Erde und treibt weiterhin ihr Unwesen. Wo dies dann geschieht, bekommen wir meist nicht einmal bewusst mit, oder glauben, dass es mit uns nichts zu tun hat.

Hier ein Beispiel: Meine Kindheit und Schulzeit war als Legastheniker und ADSler die reine Hölle. Schulschlechtester, keine Freunde, laufender Wechsel des

Klassenverbandes und Ausgrenzungen an jeder Ecke prägten mein Leben. Immer wieder machte ich meinen Eltern, Lehrern und Mitmenschen Vorwürfe und drohte schon in die Verbitterung abzustürzen. An eine Predigt während meines Klosteraufenthaltes kann ich mich noch gut erinnern. In mir war ein starkes Gefühl der Verbitterung, die sogar schon zum Hass gegen meine Mitmenschen neigte, als der Priester auf einmal sagte: „Wenn auch nur noch ein kleiner Funke Liebe in dir ist, so gehe in diesen Funken hinein und lasse ihn wieder aufleben". Sofort fühlte ich, dass ich damit gemeint war, und begann zu weinen. In diesem Moment hatte ich mich mit dem letzten kleinen Funken Liebe in mir verbunden und mein Gemüt hellte sich zusehends auf.

Am Nachmittag dieses Tages schenkte mir dann eine Bekannte ein Buch über Indigo-Kinder von Siegfried Woitinas. Für mich öffneten sich völlig neue Tore, die ich bis dahin niemals für möglich gehalten hatte. Zum einen fand ich mich in dem Buch wieder und zweitens schrieb der Autor darin, dass er darauf wartet, dass sich die ersten Indigo-Menschen trauen, aus ihrem Leben zu schreiben. Auch mit diesem Satz fühlte ich mich angesprochen und fand so meine Berufung.

Ich durfte lernen, dass ich diese Kindheit durchleben musste, um heute als Legasthenie- und AD(H)S-Berater tätig sein zu können. Ich spreche heute nicht „über" Legasthenie und AD(H)S, sondern aus meiner eigenen Erfahrung. Dies fühlen Betroffene sofort. So öffnet sich eine völlig neue Ebene der Kommunikation. Auch kommen heute immer mehr Lehrer und Ärzte in meine Seminare. Das ist ein wunderschönes Geschenk, diesen Menschen die bildhafte

Wahrnehmung der Betroffenen erfahrbar machen zu dürfen. Was wir einmal erfahren haben, wird über kurz oder lang ein Teil von uns. Neue Nervenbahnen im Gehirn vernetzen sich. Die Teilnehmer meiner Seminare bestätigen mir immer wieder, dass sie nach einem solchen Seminar mit Betroffenen wesentlich leichter und entspannter umgehen können. Das ist für alle Beteiligten eine große Erleichterung. Auch sagen sie, dass sie für sich selber viel Neues mit nach Hause nehmen konnten.

Dies ist nur ein persönliches Beispiel, wie negative Emotionen transformiert werden können. Jeder von uns hat seinen ureigenen Weg zu gehen, und ich lade Sie ein, in sich hineinzufühlen, wohin Ihr Weg Sie führen will. Die Transformation eines alten negativen Musters öffnet oftmals den Weg in die eigene Berufung.

An dieser Stelle passt sehr schön ein Wort des Labyrinthbauers Gernot Candolini: „Seine Berufung zu finden ist schwer, in ihr zu arbeiten jedoch leicht." Das sehe ich ebenso.

Noch eine Anmerkung zu altem, krankhaften Bewusstsein. Seit Tausenden von Jahren versuchen die Menschen Frieden durch Krieg herzustellen. All diese Versuche in der Vergangenheit sind gescheitert, und auch die aktuellen Versuche in der Gegenwart scheitern alle. Afghanistan und der Irak sind Beweise dafür. Durch solche Versuche werden nur die negativen Energien auf der Erde verstärkt. Sowohl die betroffene Bevölkerung, als auch die beteiligten Soldaten „des Friedens" werden traumatisiert und dadurch noch mehr von ihrem höheren Selbst abgeschnitten. All diese Traumatisierungen müssen jedoch auch wieder aufgelöst werden, um Frieden auf der Erde herzustellen. Wir tun also gut daran, keine weiteren künstlichen Traumatisierungen zu erzeugen.

Der „Nazi“ Himmler, wie auch viele andere, behaupteten von sich, erleuchtet zu sein, und Hitler träumte vom Tausendjährigen Reich. Auch dies sind erschreckende Beispiele krankhafter Bewusstseinserweiterungen. Es gibt Hinweise, dass Hitler drogen- und medikamentenabhängig war.

Beim Konsum von Drogen können auch ungeahnte negative Energien in uns einströmen. Ein Mann berichtete mir, dass er nach der Einnahme von LSD auf einen fürchterlichen Horrortrip geraten sei. In seinem Bewusstsein war nur noch Gewalt, Mord und Zerstörung. Gott sei Dank hat er diese Szenarien nicht umgesetzt, sondern für sich daraus erkannt, keine Drogen mehr zu nehmen. Wörtlich sagte er zu mir: „So etwas will ich nicht noch einmal erleben.“ Heute arbeitet er daran, sein Bewusstsein auf natürliche Weise zu erweitern.

6.

Die Kraft unserer Gedanken und deren Auswirkungen auf die Erde

Über die Kraft der Gedanken gibt es viele Bücher. Was dort zu lesen ist, ist im Grunde alles richtig. In diesem Kapitel gehe ich jedoch auf die Auswirkungen für unsere Erde ein. Mit unseren Gedanken erschaffen wir zum einen die Realität um uns herum, und zum anderen auch die Realität auf der gesamten Erde. Dabei spielt jedoch oft unser Ego eine große Rolle, ohne dass wir dies bewusst bemerken.

Dazu ein Beispiel. Irgendwo ist ein schreckliches Gewaltverbrechen geschehen und die Zeitungen berichten mit Horrormeldungen darüber. Wir lesen dies und beginnen vielleicht an Stammtischen mit anderen darüber zu diskutieren. Oft steigern wir uns dabei in das schreckliche Geschehen regelrecht hinein und verurteilen die Täter aufs Schärfste. Unsere Gedanken sind voll von diesen negativen Ereignissen. Dabei verdrängen wir, dass jeder von uns nicht allein nur gute, sondern auch negative Seiten an sich hat. Wenn ich in solchen Situationen zu bedenken gebe, dass wir alle auch schon Fehler gemacht haben, dann werde ich manches mal verbal scharf angegriffen.

Was geschieht da? Auch dazu ein Beispiel: Ein Arbeitnehmer hat morgens verschlafen, hetzt zur Arbeit, und überlegt während der Fahrt, was er seinem Chef sagen kann. Ach ja, das Auto ist nicht angesprungen. Das wird er mir schon abkaufen. Gesagt, getan. Dem Chef wird die Lüge präsentiert. In der Frühstückspause liest er dann in der Zeitung über ein schlimmes Attentat. Sofort meldet sich das Ego und sagt, dass der eigene Fehler (die Lüge) im Vergleich zu dem Verbrechen ja eigentlich gar nicht so schlimm ist. Unser Ego benutzt dieses Verbrechen, um von unserer eigenen Unzulänglichkeit, die Wahrheit zu sagen, abzulenken.

Kürzlich saß ich mit einem Polizisten beim Frühstück. Er las in der Zeitung eine Meldung, die ihn sehr aufbrachte. Seine Energie schnellte sofort hoch. Er verlangte, dass mit solchen Monstern kurzer Prozess gemacht werden sollte. Er selbst betrügt seine Ehefrau seit Jahren und ist weder mit seinem Beruf noch mit sich selbst zufrieden. Auch er benutzte diese Meldung, um von seiner eigenen Unzulänglichkeit abzulenken. Es ist einfacher, sich über andere aufzuregen, als sein eigenes Verhalten zu reflektieren.

Ich erzählte ihm dann von einer Studie, die offen legt, dass, wenn alle Todesfälle gerichtsmedizinisch untersucht würden, wir drei Mal mehr Mord als tatsächliche Todesursache hätten. Er wollte in diesem Zusammenhang nichts davon wissen. Ich ließ jedoch nicht locker und meinte, dass drei von vier potentiellen Mördern noch nicht einmal strafrechtlich verfolgt würden und frei unter uns umherliefen. Wir wissen also nicht einmal, ob wir mit unserer Arbeit nicht sogar Mörder unterstützen. Das wurde ihm dann doch zu viel und er ließ mich allein weiter frühstücken.

Warum schreibe ich das in diesem Kapitel? Die Kraft der Gedanken manifestiert die Geschehnisse auf unserer Erde. Lesen viele Menschen solch eine Meldung und regen sich darüber auf, geht ihre Energie vollständig in diese negative Situation ein und verstärkt so das kollektive Negative auf der Erde. Wo sich diese negative Energie dann entlädt, bekommen wir jedoch oft gar nicht oder erst später mit. Vor allen Dingen aber bringen wir diese negativen Ereignisse nicht mit unseren eigenen, negativen Gedanken in Verbindung. Das meinte Jesus mit dem Satz: „Was sucht ihr den Splitter im Auge des anderen, seht ihr den Balken in eurem eigenen Auge nicht?"

Wie wir mit solchen negativen Meldungen umgehen können, ohne die Negativität zu erhöhen, möchte ich im Folgenden beschreiben, und sie einladen, dies selber auszuprobieren. Achten Sie dabei einmal darauf, wie Sie sich danach fühlen. Lesen Sie einen solchen Artikel, bleiben Sie neutral. Das heißt, nehmen Sie ihn zur Kenntnis und bewerten Sie ihn nicht mehr. Wir wissen ja nicht einmal, ob das Geschriebene stimmt. Wir waren nicht dabei. Schon oft sind Menschen wegen Mordes verurteilt und hingerichtet worden und später stellte sich heraus, dass sie unschuldig waren. Regen wir uns beim Lesen eines solchen Artikels nicht mehr auf, sondern nehmen ihn lediglich sachlich zur Kenntnis, ohne ihn zu bewerten, so erhöht sich die negative Energie nicht mehr. Das heißt, unsere Energie vermehrt nicht mehr die Negativität eines solchen Verbrechens. Somit wird das Negative von uns nicht unterstützt.

Sobald wir so mit diesen Meldungen umgehen, fühlen wir uns auch wesentlich besser. Wir alle kennen das. Haben wir uns über etwas aufgeregt, schwingt dies oft noch Stunden in uns nach. Uns geht es dann nicht gut. Wie sollte es auch, sind wir doch in diese negative Energie eingetaucht.

Das können Sie übrigens auch schon beim Lesen dieses Buches probieren. Sollten Teile dieses Buches für Sie nicht stimmig sein, so lesen Sie es einfach und bewerten dieses nicht. Wie schon im Vorwort beschrieben, stelle ich keinen Anspruch darauf, Recht haben zu wollen, sondern möchte meine Leser lediglich einladen, das Leben und die Geschehnisse auf der Welt selber zu hinterfragen. Die Wahrheit ist nur in Ihnen zu finden, und das heißt Bewusstsein.

Natürlich dürfen wir Gewalt und Verbrechen nicht gutheißen. Auch müssen die Täter zur Rechenschaft gezogen werden. Dafür gibt es die Justiz, es ist nicht unsere Aufgabe.

Wie können wir jedoch mit aktuellen Gewaltsituationen, bei denen wir vielleicht Augenzeuge sind, umgehen? In diesem Fall sind wir unmittelbar beteiligt und müssen deshalb aktiv werden. Dabei ist ein sehr sensibles Vorgehen wichtig. Regen wir uns über die Geschehnisse auf, so verstärkt sich die Negativität und die Gewaltbereitschaft der anderen wird erhöht. Bleiben wir jedoch neutral, so ist die Chance, die Situation zu entschärfen, deutlich größer.

Dazu möchte ich ein Erlebnis schildern, das ich im Sommer 2009 in einer Münchener U-Bahn hatte. In meinem Abteil waren einige Jugendliche und es knisterte nur so vor Aggression. Wie ferngesteuert, ohne dass ich es bewusst tat, begann ich zu atmen. Meine gesamte Aufmerksamkeit war dabei auf meine Atmung gerichtet und meine Energie blieb neutral. Nach kurzer Zeit war ich vollständig mit der Energie der Liebe und des Friedens erfüllt und hielt diese nicht zurück. Sie breitete sich im ganzen Abteil aus. Kurze Zeit später setzten sich die Jugendlichen hin und unterhielten sich friedlich. So kann man natürlich nicht mehr vorgehen, wenn es schon zu gewalttätigen Auseinandersetzungen gekommen ist. Aber auch dann ist die eigene innere Ruhe für eine Schlichtung sehr hilfreich. Diese Atemtechnik beschreibe ich in Kapitel 10.

Will ich das eben Beschriebene jedoch von meinem Verstand aus tun, so schlägt dies in der Regel fehl. Denn der Verstand ist mein Ego und das wiederum heizt die Situation eher noch auf. Nutze ich jedoch die Kraft meiner eigenen Gedanken und wünsche mir mit meinen Gedanken Frieden, so kann ich auch die göttliche Kraft bitten, alles nur Mögliche geschehen zu lassen, damit sich die Situation entschärft. In diesem Moment werde ich zum Medium und brauche nur noch den Impulsen, die dann in mir kommen, Folge zu leisten. Was dann im Einzelnen an Handlungen erfolgt, ist nicht vorhersagbar. Deshalb ist es auch so schwer, über diese Dinge zu schreiben. In unserer Gesellschaft werden festgelegte Fahrpläne für eine solche Vorgehensweise verlangt. Die gibt es aber nicht, denn der Mensch ist ein Individuum und auch jede Situation ist einmalig. Aber durch eine bewusstere Wahl der Worte lässt sich bereits viel ausrichten, das möchte ich im Folgenden gerne am Beispiel des kleinen Wörtchens „noch“ zeigen.

Die Zauberkraft des Wortes „noch"

Viele Menschen, die ich mit meiner Arbeit begleite, beklagen sich mit den Worten: „Ich würde ja gerne weitergehen, aber mein Partner will davon nichts wissen. Der bewegt sich einfach nicht." In vielen Fällen ist das sicherlich auch so. Wir dürfen dabei aber nicht vergessen, dass jeder Mensch einen anderen Weg zu gehen hat. Der Weg meines Partners oder meiner Partnerin wird sicherlich nicht gleich mit dem meinen sein.

Dennoch: Der Satz „Der bewegt sich einfach nicht" ist in dieser Form ultimativ. Zum einen setzt er den Partner unter Druck, wodurch dieser die Initiative gar nicht mehr ergreifen kann, denn alle Entwicklung muss ja aus der eigenen Freiwilligkeit heraus geschehen. Immerhin leben wir auf dem Planeten des freien Willens. Zum anderen aber schaffe ich mit solchen Gedanken auch die Grundlage dafür, dass der Partner nun stagniert. In meinen Gedanken hat sich manifestiert, dass der andere nicht losgeht. Punkt. Ich habe es erschaffen. Selbst wenn der andere bereits auf seinem Weg ist, könnte ich es nicht mehr wahrnehmen, da meine Gedanken es nicht wahrhaben wollen würden.

Benutze ich jedoch das Wort „noch", so sieht dies ganz anders aus. „Der bewegt sich noch nicht." Jetzt habe ich die Ist-Situation richtig erfasst und mit meinen eigenen Gedanken die Tür zur Veränderung offen gelassen. Sowohl in mir als auch im Universum.

Den guten Einfluss des Wörtchens „noch" habe ich bereits von meinem Vater erfahren können. Wenn ich als Kind sagte: „Papa, das kann ich nicht", gab er mir ruhig zur

Antwort: „Das macht nichts, dass du das noch nicht kannst. Dann übst du das einfach noch etwas und dann kannst du das auch“. So übte ich also noch etwas, ohne vorher entwertet, oder als dumm bezeichnet worden zu sein. Und siehe da, kurze Zeit später konnte ich es dann. Wie glücklich und stolz ich anschließend war, brauche ich wohl nicht zu beschreiben. Diese Erinnerungen kamen erst wieder in mein Bewusstsein zurück, als ich mit meinem Vater Frieden geschlossen hatte.

Nur – beim Erlernen der Schrift konnte er mir so nicht wirklich helfen. Er war, wie ich selbst, Legastheniker. Er wusste nicht, dass Legastheniker Bilderdenker sind und vor allem wusste er nicht, wie Bilderdenker wahrnehmen. Woher sollte er das auch wissen. Die bildhafte Wahrnehmung befindet sich ja noch immer in den Anfängen, erkannt und respektiert zu werden. Daher hatte mein Vater in dieser Hinsicht sehr viele Fehler und mir deshalb meine Kindheit teilweise zur Hölle gemacht. Nachdem ich begriffen hatte, dass er diese Geheimnisse nicht wissen konnte, habe ich mich wieder für ihn öffnen können. Damit kamen auch die vielen positiven Erlebnisse mit ihm wieder ans Licht.

Im Frühjahr 2006 war ich bei einem Vortrag von Mathias Jung zum Thema ›Mutterwunde, Vaterwunde‹, als mein Vater mich liebevoll fragte, ob er dabei sein dürfe. Auch ließ er mich wissen, er sei jetzt bereit, sich diesen Themen zu stellen. Den ganzen Vortrag über stand er hinter mir und ich spürte eine wunderschöne Wärme. Am Ende bedankte er sich bei mir und ging weiter. Seitdem ist er immer wieder bei mir gewesen, wenn ich Seminare besuchte. Auch bei denen, die ich selber halte, ist er manchmal mit dabei. Vorher fragt er mich jedes Mal, ob ich damit einverstanden sei, und er sagt, dass er noch etwas lernen will. Dies geschieht ausschließlich auf der geistigen Ebene. Mein Vater ist bereits im Jahr 2000 verstorben.

Solange, wie ich in meinen Gedanken den Satz hatte: ›Mein Vater hat das nicht gewusst, oder mein Vater hat das extra gemacht‹, konnte ich die Anwesenheit meines Vaters auch nicht wahrnehmen. Seitdem mir bewusst ist, dass mein Vater es noch nicht gewusst hatte, lernen wir gemeinsam immer mehr die Zusammenhänge des Lebens kennen. Ich lerne von meinem Vater, und mein Vater lernt von mir.

Die folgenden Sätze sollen verdeutlichen, wie sich eine kleine sprachliche Änderung auf das Gefühl des Empfängers auswirkt. Lesen Sie diese Sätze einzeln und machen Sie jeweils eine kurze Pause. Achten Sie einfach darauf, wie Sie sich bei den einzelnen Sätzen fühlen.

Mein Partner will von Spiritualität einfach nichts wissen.

Mein Partner ist noch nicht offen für Spiritualität.

Meine Eltern begreifen nicht, was sie alles falsch gemacht haben.

Meine Eltern können noch nicht sehen, was in der Kindheit schief gelaufen ist.

Mein Kind will einfach nicht lernen.

Mein Kind hat noch nicht verstanden, wie das Lernen geht.

Die Gesellschaft ist blind, oberflächlich und unbewusst.

Noch ist die Gesellschaft blind, oberflächlich und unbewusst.

Haben Sie die Antwort in ihrem Herzen gefühlt? Das ist schön. Probieren Sie es im täglichen Leben aus, und Sie werden die Früchte Ihrer Saat selber ernten.

Wir dürfen jedoch auch an diesem Wort nicht dauerhaft festhalten, sonst können wir die Veränderungen bei uns selbst und unseren Mitmenschen noch nicht erkennen. Das Leben ist ein Fluss, und mit unseren Gedanken erschaffen wir diesen Fluss. Das Wort „noch" ist aus seiner Bedeutung heraus ja schon zeitlich begrenzt und unterliegt somit auch der Vergänglichkeit. Sobald es seinen Dienst geleistet hat, verliert es automatisch seine Gültigkeit, wodurch der Fluss des Lebens zu fließen beginnt.

7.

Projektionen, Synästhesie und Familienaufstellungen

Ursprünglich wollte ich in diesem Buch gar nicht über Projektionen schreiben, doch dann bekam ich wieder einmal eine Einladung der besonderen Art dafür, die ich Ihnen zuerst schildern möchte.

Während der Arbeit an diesem Buch telefonierte ich mit einem Freund, der mir hin und wieder bei Problemen mit dem Computer hilft. Er meldete sich am Telefon mit leiser und depressiver Stimme und war kaum zu verstehen. Ich musste ihm die Worte für ein Gespräch fast aus der Nase ziehen. Am Ende des Gespräches sagte er zu mir: „Wenn ich mit dir telefoniere, muss ich immer etwas anderes dabei machen, sonst werde ich ganz nervös. Du bist einfach nicht klar mit deinen Gedanken, und das macht mich sogar sauer." Was war geschehen? Bevor ich angerufen hatte, war ich ausgeglichen und kraftvoll bei meinen Schreibarbeiten. Und nach dem Gespräch war ich verunsichert und sogar etwas depressiv. Ich saß anschließend ca. zwei Stunden vor dem Computer, konnte aber nichts mehr schreiben. Es kam einfach nichts, bis ich in die Situation hineinging und erkannte, dass ich über Projektionen schreiben soll.

Die Frage, die ich ihm stellen wollte, hatte ich allerdings nicht gestellt. Hätte ich sie einfach zu Beginn des Gespräches gestellt, wäre er vielleicht aus seinem Tief von alleine herausgekommen. Wer weiß?

Eine Woche später hatte sich dieses Kapitel in meinen Gedanken immer deutlicher entwickelt, und so schreibe ich es jetzt nieder.

Was sind Projektionen?

Projektionen sind Empfindungen, die andere Menschen haben und die sich unter bestimmten Umständen auf uns übertragen können. Sowohl negative, als auch positive. Die positiven tun uns gut, die negativen jedoch ziehen uns runter.

Was ist Synästhesie?

Unter Synästhesie versteht man die Vernetzung der Sinne. Es gibt Menschen, die Musik sehen oder bei anderen haben die Wochentage Farben. In diesem Buch möchte ich auch nicht viel mehr darüber schreiben, da ich mich zu wenig mit diesem Thema befasst habe. An der medizinischen Hochschule Hannover gibt es einen Forschungsbereich, der sich seit Jahren damit befasst. Es gibt auch etliche gute Bücher zu diesem Thema. Auch im Internet finden Sie viele Hinweise dazu. Sicher ist, dass Synästhesie keine Krankheit ist, sondern lediglich eine erweiterte Nutzung der bei jedem Menschen vorhandenen Gehirnkapazitäten.

Auch gibt es eine sehr seltene Form der Synästhesie, bei der Menschen am eigenen Körper fühlen, wenn ein ihnen nahe stehender Mensch von einem anderen Menschen berührt wird. Wird dieser nahe stehende Mensch liebevoll berührt, so empfinden wir an unserem eigenen Körper diese liebevolle Berührung ebenso. Wird der andere jedoch weniger liebevoll berührt, so empfinden wir dies als ein sehr unangenehmes Gefühl bei uns selber, wissen jedoch meist nicht den Grund für diese Empfindungen. In vielen Beziehungen, in der ein Partner den anderen betrügt, fühlt der Betrogene dies, kann es jedoch nicht zuordnen. Heutzutage reicht dafür schon das rein gedankliche Betrügen. Oftmals rasten die Betrogenen regelrecht aus und werden dann als psychisch krank eingestuft. Sobald wir jedoch die Zusammenhänge erkannt haben, können wir Schritt für Schritt lernen, damit umzugehen und die bis dahin ungeahnten Vorteile dieser Wahrnehmungsfähigkeiten gewinnbringend für die Menschheit und die Erde einzusetzen. Und genau darüber möchte ich hier schreiben.

Da ich ausschließlich nur über Dinge schreiben kann, die ich selber erfahren und erlebt habe, schreibe ich auch hier über meine eigenen Erlebnisse. Fünf Jahre habe ich intensiv mit Familienaufstellungen gearbeitet, wobei ich in den unterschiedlichsten Rollen war. Sowohl dem Therapeuten, der die Aufstellungen leitete, als auch mir wurde sehr schnell klar, dass ich vollständig in die Rollen eintauchte. Die Empfindungen der Personen oder Situationen, für die ich stand, projizierten sich vollständig auf mich. Dadurch kamen oft wunderbare Lösungen für den, der aufgestellt hatte, zustande. Heute weiß ich, dass ich diese seltene Form der Synästhesie habe. Ich durfte lernen und lerne immer noch, damit umzugehen. In manchen Rollen ging es mir oft sehr schlecht, doch wusste ich, dass ich in dieser Rolle bleiben muss und dass die Situation sich lösen wird. Auch der Therapeut fühlte dies und nahm mich nicht heraus. Sobald sich die Situation dann gelöst hatte, erfüllte sich mein Herz mit einer unbeschreiblichen Wärme und Liebe und ich war nur noch Energie. Dieses Gefühl ist wohl das Schönste, was ein Mensch überhaupt erfahren kann. Es lässt die anfängliche Schwere der Rolle schnell in die Vergangenheit gehen, wo sie auch hingehört.

Dies alles sind Projektionen, die von anderen auf uns übertragen werden und wir lassen es bewusst zu, sonst hätten wir uns ja nicht aufstellen lassen. So sind Familienaufstellungen nichts anderes, als die gezielte Arbeit mit Projektionen. Was ist aber, wenn solche Projektionen unbewusst auf uns zukommen und wir dies nicht erkennen? Es geht uns von einem Augenblick zum nächsten schlecht und wir verstehen nicht warum.

Dazu möchte ich anmerken, dass manche Menschen für solche Empfindungen offener sind als andere. Entscheidend ist, sich dieser Begebenheit bewusst zu werden und dann Schritt für Schritt zu lernen, damit umzugehen. Es macht keinen Sinn, diese Talente abzulehnen, oder gar zu bekämpfen. Dadurch schneiden wir uns nur wieder von unserem höheren Selbst ab und werden unbewusst. Die Anfälligkeit für fremde Projektionen bleibt jedoch bestehen.

Wie können wir aber damit bewusst umgehen?

Nach solchen Familienaufstellungen ist es wichtig, sich aus der Rolle wieder zu lösen. Ein guter Therapeut ist dabei in der Regel behilflich, kann es jedoch nicht ganz für Sie übernehmen. Das entscheidende Lösen geschieht in Ihnen. Sehr hilfreich ist es, nachher lange zu duschen, da das Wasser reinigend auf die Aura wirkt. Kaltes Wasser wirkt wesentlich besser als warmes. Manchmal reichte das Duschen bei mir jedoch nicht mehr aus, weder kaltes noch warmes Duschen. Der Besuch in einer Sauna aber löste dann selbst die letzten Verhaftungen bei mir ab (Verhaftungen sind Projektionen, die an uns hängen geblieben sind und sich dann wie ein Teil von uns anfühlen, obwohl sie nichts mit uns zu tun haben). Auch mögen die negativen Energien keine Hitze und lassen sich so leichter ablösen. Sollten Sie die Sauna jedoch nicht vertragen, so sorgen Sie sich nicht, sondern probieren Sie ein Dampfbad oder die kalte oder kühle Dusche aus. Die Wassertemperatur sollte aber deutlich unter der ihres Körpers liegen. Wechselduschen (heiß, kalt) können auch sehr viel lösen. Das war auch Dr. Kneipp bekannt. Probieren Sie alles aus und schauen Sie, was für Sie am besten ist. Ihre eigene Wahrnehmung wird Ihnen das schon zeigen. Seit Jahrzehnten gehe ich regelmäßig in die Sauna, Sommer wie Winter und unbewusst reinigte ich so immer wieder meine Aura. Heute tue ich es bewusst, wenn ich merke, dass fremde Verhaftungen an mir sind. Ist für den Moment kein Wasser da, dann probieren Sie es vorerst einmal mit Abklopfen und Abschütteln des Körpers.

Wie kommen aber fremde Projektionen im täglichen Leben an uns heran, und weshalb geschieht dies nur bei bestimmten Menschen?

Je sensibler und empfänglicher ein Mensch dafür ist, desto leichter nimmt er die Gefühle eines anderen Menschen wahr. Andere wiederum sind nicht offen für Projektionen und bemerken deshalb nichts. Diese Menschen können oft nicht verstehen, dass andere damit Probleme haben. Sie können es selber nicht erfahren und somit noch nicht verstehen.

Auch haben sensible Menschen oft ein ganz anderes Bewusstsein und wissen tief in ihrem Innersten, dass sie mit allen Menschen und Wesen in einer unbekannten Weise verbunden sind. Begegnen wir jetzt einem Menschen, der belastende Verhaftungen hat, wollen wir diesem meist unbewusst helfen. Wir empfinden Mitgefühl, wodurch unsere Aura offen bleibt. Die Aura wirkt wie ein Schutzschild und wir lassen sie oft selber offen für negative Angriffe. Auch kann sie durch Krankheiten oder seelische Wunden Verletzungen haben, wodurch wir dann ungeschützt sind. Die Negativität anderer klinkt sich so in unser eigenes Bewusstsein ein und macht uns das Leben oft zur Hölle. So wird eine Projektion zu einer Verhaftung. Das ist die Ist-Situation, die viele von uns fast täglich erleben und manche in eine selbst auferlegte Einsamkeit geführt hat, um sich so zu schützen. Das wirkt jedoch auch nicht immer und ist somit keine Lösung, um dauerhaft damit umzugehen, da viele der Projektionen durch reine Gedankenkraft übertragen werden. Auch über die Medien, wie Fernsehen und ähnliches, ist eine solche Übertragung möglich, wie schon im vorangegangenen Kapitel beschrieben. Seit Jahren habe ich deshalb keinen Fernseher mehr und lese die Zeitung bewusst, ohne die einzelnen Beiträge zu bewerten oder zu beurteilen. Durch eine Bewertung oder Beurteilung öffne ich mich erst für solche Projektionen. Unterlasse ich eine Beurteilung, kann auch keine Verhaftung mit dem Thema geschehen. Es hat nichts mit mir zu tun. Zudem weiß ich ja gar nicht, ob das stimmt. Ich war ja nicht dabei.

Wie können wir aber bewusst damit umgehen?

Zunächst noch einmal zu dem Telefongespräch mit meinem Freund. Er selber wirkte extrem niedergeschlagen, also in einer negativen Verhaftung, und ich rief ihn an. Ich wollte eine technische Hilfe von ihm, spürte aber bereits bei seinen ersten Worten seinen bedrückten Seelenzustand und gab ihm mein Mitgefühl. Meine Aura blieb offen. Ich war ungeschützt und seine Verhaftungen sprangen sofort auf mich über. Von jetzt auf gleich war ich aus meiner Mitte und der Zugang zu meiner Kraftquelle war abgeschnitten. Binnen weniger Minuten war ich kraftlos und leer, das wiederum verunsicherte ihn.

Weshalb war das geschehen, und wieso kann ich andere Male Menschen, die sich in einem seelischen Tief befinden, problemlos begleiten? Die Antwort fand ich kurze Zeit nach dem Telefongespräch in mir. Ich selbst war es, der meinen Freund angerufen hatte, nicht er. Er hatte mich nicht um meine Hilfe gebeten, sondern sie kam aus freien Stücken von mir selbst, ohne dass ich darauf eingestellt war, es zu tun. Ich hatte ihm aus meinem „Helfersyndrom" – so nenne ich das mal – heraus, meine Hilfe regelrecht aufgezwungen. Kein Wunder, dass die geballte Schwere meines Freundes bei mir angekommen ist. Das Fatale dabei ist jedoch, dass es meinem Freund danach nicht besser ging als vorher. Insgesamt hat sich also durch mein unangebrachtes Mitgefühl die Negativität nur vermehrt.

Es gibt jedoch immer mehrere Betrachtungsweisen von ein und derselben Situation. Was war an diesem Erlebnis positiv? Ganz einfach: Hätte ich diese Erfahrung nicht während des Schreibens dieses Buches gemacht, so hätte ich auch dieses Kapitel nicht geschrieben. Ich hatte es ursprünglich nicht vorgesehen, und jetzt bin ich glücklich darüber, dass ich so wunderbar geführt werde.

Wenn mich jedoch ein Klient anruft und ein Begleitgespräch sucht, verhält es sich ganz anders. Der Klient ruft aus seinem freien Willen an und sucht Rat bei mir. Jetzt erst darf ich aktiv werden und dann passiert etwas Wunderschönes. Ich bleibe in meiner Kraft und kann richtig fühlen, wie sich mein Herz öffnet. In diesem Moment denke ich folgende Worte: „Dein Wille geschehe und bitte gib mir jetzt die richtigen Worte. Bitte sprich Du durch mich." Nach einem solchen Gespräch weiß ich in der Regel nicht einmal mehr, was ich gesagt habe. Es geschah einfach durch mich. Auch bin ich danach immer noch vollständig in meiner Kraft und keinerlei negative Verhaftung ist bei mir gelandet. Es geht mir gut und ich fühle mich wohl. So verhält es sich auch bei meinen Vorträgen und Seminaren, wo manchmal bis zu einhundert Menschen in einem Raum zusammen sind. Keinerlei negative Energie dringt in mich ein. Wie sollte das auch gehen, wenn ich selber vollständig aufgefüllt bin mit der göttlichen Energie, um die ich vorher gebeten habe. Auch bei den Teilnehmern springt untereinander nichts Negatives über, da jeder Einzelne zu mir gekommen ist, und nicht zu einem der anderen Teilnehmer. Sehr wichtig ist es, anschließend für die Führung zu danken, sonst besteht die Gefahr, dass wir wieder in unser Ego zurückrutschen.

Kürzlich war ich bei einem Bekannten. Er telefonierte noch, als ich kam. Nach dem Gespräch kam er aus seinem

Beratungszimmer zu mir und sagte: „Gerade hatte ich ein Beratungsgespräch und war wieder einmal so was von gut, das gibt es gar nicht.“ Das sind Worte des Egos, denn er war nicht gut, sondern es war gut.

Warum schreibe ich das hier? Ganz einfach. Sobald unser Ego sich einmischt, zieht sich die göttliche Führung zurück und hinterlässt augenblicklich ein Vakuum, in das sich negative Verhaftungen dann liebend gerne einnisten.

Trösten Sie sich, das ist wohl jedem, der in diesem Bereich arbeitet, schon passiert. Wir können ja nur durch die eigenen Erfahrungen lernen, um zu verstehen, was sich dahinter verbirgt. Ein zweites Mal machen wir diesen Fehler dann wohl nicht mehr. Das ist auch der Sinn des Wortes Demut. Ein demütiges Verhalten heißt nicht, sich klein und unscheinbar zu machen, sondern lediglich anzuerkennen, dass es nicht von mir, sondern durch mich geschehen ist. Mehr dazu in dem Kapitel 10.

Es gibt jedoch auch Menschen, die bewusst versuchen, ihr Schicksal auf andere zu projizieren. Dazu ein Beispiel. Ein früherer Freund von mir war an Multipler Sklerose erkrankt. Ich half ihm, seine Wohnung rollstuhlgerecht umzubauen. Dabei unterhielten wir uns viel. Eines Tages sagte er zu mir: „Wenn ich könnte, würde ich die Krankheit sofort einem Irgendjemanden andrehen. Was dann mit dem geschieht, wäre mir völlig egal. Hauptsache, ich bin sie los.“ In diesem Moment gingen bei mir alle Alarmglocken an, und ich entzog ihm augenblicklich mein Mitgefühl. Zu meiner Rettung. Meine Aura schloss sich sofort und seine negativen Gedanken konnten sich nicht mehr bei mir einnisten. Meine Freundschaft hingegen habe ich ihm nicht entzogen, sondern lediglich mein Mitgefühl. Soll ich mit einem Menschen Mitgefühl haben, wenn er einem anderen, Unbeteiligten, dieses Schicksal übertragen will? Ich denke nicht.

In der nächsten Zeit half ich ihm noch oft und wir unterhielten uns über viele Dinge, die ich gleich noch schildern werde. Die Arbeit bei ihm machte mir Freude und belastete mich nicht. Er machte auch keinen weiteren Versuch, seine negativen Gedanken auf mich zu projizieren. Ich stand ihm dafür nicht zur Verfügung. Das spürte er.

Bei den Gesprächen schilderte ich ihm auch einiges von dem, was ich zu der Zeit erlebte und durchlebte. Das war 1999, kurze Zeit nach meinem ersten Klosteraufenthalt. Ich erzählte ihm meine Erlebnisse von der Arbeit mit meinem inneren Kind und er hörte aufmerksam zu. Dann sagte er zu mir: „Peter, die Angst, die ich jetzt mit dieser Krankheit habe, ist die gleiche, die ich auch als Kind hatte, wenn ich den Anforderungen meiner Eltern nicht genügte." Als ich ihn einlud, auch mit seinem inneren Kind zu arbeiten, sagte er leise zu mir: „Ich habe Angst davor." Das habe ich respektiert, denn mehr als einen Hinweis zu geben, steht uns nicht zu.

Später schilderte er mir noch ein Erlebnis, das sein Leben wohl grundlegend verändert hatte. Er hatte einige Jahre in einem Kinderheim als Betreuer gearbeitet und dies aus Leidenschaft getan. Er wollte den Kindern einen guten Start ins Leben ermöglichen. Eines Tages fand er heraus, dass der Leiter des Heimes sich an einigen Kindern sexuell vergangen hatte. Als er dies aufklären wollte, wurde er fristlos entlassen. Im Anschluss daran fand er keine neue Arbeit mehr und rutschte so in die Langzeitarbeitslosigkeit und damit Schritt für Schritt in die Verbitterung. Hatte sich die Negativität seines früheren Chefs auf ihn übertragen und lag darin vielleicht auch ein Grund für seine Krankheit? Es könnte sein.

Auch hier wird deutlich, wie wichtig es ist, alles zu hinterfragen und nicht mehr mit dem vordergründigen Egoverstand zu beurteilen.

Jetzt aber zu den Vorteilen dieser Fähigkeiten.

Zum einen können wir gerade auch aus den negativen Projektionen viel für uns lernen, wie bereits zu Beginn dieses Kapitels beschrieben. Zum anderen können wir unsere Mitmenschen so aber auch viel besser verstehen und dann begleiten.

Dazu ein Beispiel: Seit einigen Jahren halte ich bewusstseinserweiternde Seminare für Eltern mit ihren legasthenisch talentierten und AD(H)S-Kindern. Dabei bin ich vollständig leer. Das heißt: Ich mache mir keine Gedanken, was ich in den Seminaren tun werde. Durch meine Ausbildung als Legasthenie- und AD(H)S-Berater nach der Methode von Ron Davis und meinen eigenen Erfahrungen als Betroffener habe ich ein großes Wissen in diesem Bereich, aus dem ich dann schöpfen kann. Dadurch aber, dass ich mir vorher keine Gedanken mache, bleibe ich offen, und die Projektionen meiner Teilnehmer werden ein Teil von mir. So fühle ich die oft nur kleinen Lücken im Erfahrungsfundament der einzelnen Teilnehmer und kann dann dabei behilflich sein, diese zu schließen. Deshalb sehe ich mich auch immer nur als Lernassistenten. Das Lernen und Verinnerlichen geschieht ausschließlich bei den Teilnehmern. Deshalb nenne ich mich auch einen

Lernassistenten. Sobald die Erfahrungslücke bei einem Teilnehmer geschlossen ist, ist die Projektion sofort beendet. Der Teilnehmer sucht nichts mehr bei mir, er hat es ja bereits in sich gefunden. Das sagt auch der Satz: Wissen vermehrt sich, wenn ich es bedingungslos teile. So geht es während des ganzen Seminars. Eine Projektion nach der anderen kommt zu mir, wird verwandelt in die eigene Erfahrung des Teilnehmers und löst sich auf. Diese Arbeit strengt mich kein bisschen an, sondern macht mir große Freude, und ich brauche anschließend auch nicht zu duschen. Es bleibt nichts mehr an mir haften, außer der Freude an meiner Arbeit.

Hier wird noch einmal deutlich, ebenso wie bei Familienaufstellungen, dass ein bewusster Umgang mit Projektionen sehr hilfreich für die Menschheit und ihre Entwicklung ist. Mit allem, was wir bewusst tun, können wir auch zur Verbesserung auf der Erde beitragen, ohne dass es uns belastet. Somit ist die eigene Bewusstseinserweiterung der Schlüssel zu einer friedlichen Welt.

Immer wenn Diagnosen wie Legasthenie oder AD(H)S als Teilleistungsschwäche festgestellt werden, dann sind das ebenfalls solche Projektionen. Sie haben nichts mit der betreffenden Person zu tun, sondern sind lediglich die Meinung einiger Fachleute. Da sie dieses erweiterte Bewusstsein noch nicht erfahren haben, lehnen sie es als unmöglich ab und bezeichnen diese Menschen als krank (siehe das Höhlengleichnis des Platon). An dieser Stelle möchte ich all diese Fachleute einladen, diese Form der Wahrnehmung selber einmal bewusst zu erfahren, dann wissen sie, wovon ich schreibe und können es nicht mehr als unmöglich einstufen.

8.

Der Vorrang der Liebe vor einem falsch verstandenen Recht des Stärkeren

Als Darwinismus bezeichnet man die biologische Evolutionstheorie von Charles Darwin, wobei manche mit dieser Bezeichnung eine besondere Betonung auf Evolution durch natürliche Auslese legen (siehe Wikipedia). Natürliche Auslese heißt, dass die Stärksten einer Rasse oder Sorte überleben. Ist dies aber noch gut für die Menschen und unsere Erde? Ich sehe dies nicht so. Bei uns Menschen ist diese Lebensphilosophie jedoch zum Leitsatz für ein erfolgreiches Leben geworden. Wer die Ellenbogen am besten benutzen kann, ist am erfolgreichsten.

Vor ein paar Jahren sagte mir die Mitarbeiterin einer katholischen Kirchengemeinde wörtlich: „Geld regiert die Welt. Gewöhnen Sie sich endlich daran, Herr Classen." Bei einem atheistischen Banker kann ich so einen Satz verstehen. Es ist seine Lebensmaxime. Nicht aber bei einer christlichen Einrichtung. Das Gegenteil war Jesu Lehre. Er kümmerte sich um die Kranken und Schwachen, ohne jeglichen Selbstnutzen.

Von Darwin ist bekannt, dass er selber als junger Mensch sehr religiös war, dann jedoch davon abrückte, während seine Frau dies bis zu ihrem Lebensende geblieben ist. Was war bei Darwin geschehen, dass er so einen Wandel vollzog?

Meines Erachtens hatte Darwin herausgefunden, wie die Evolution in der Vergangenheit (in den letzten zehntausenden Jahren) stattgefunden hatte und dieses dann auch auf die derzeitige und zukünftige Entwicklung übertragen. Dabei ist ihm jedoch ein Denkfehler unterlaufen, da die Evolution „fortlaufend" ist. Das heißt, dass die Evolution selber auch der Entwicklung unterworfen ist und seine Entdeckungen lediglich die Entwicklungen der Vergangenheit erklären können. Der Beginn des Wassermannzeitalters als ein Neues Zeitalter scheint meine These zu bestätigen. In der Astrologie spricht man von den 26.000 Jahre dauernden Zyklen. Der Wechsel in das Wassermannzeitalter begann, kurz nachdem Darwin seine Forschungen interpretiert hatte, also am Ende eines Zyklus' von 26.000 Jahren, dessen Schnittstelle das Jahr 2012 ist. Warum aber wurde das erst am Ende dieses Zyklus' entdeckt?

Für mich gibt es nur eine Erklärung. Welche Seele oder welches Wesen hätte sich denn auf das Abenteuer Erde eingelassen, wenn es von vornherein und zu jedem Augenblick vor Augen hätte, dass es eines Tages gefressen wird? Würden Sie das tun? Ich denke nicht. Deshalb hatte Gott den Menschen auf ihrem Entwicklungsprozess das Bewusstsein genommen und wir konnten uns relativ sorglos entwickeln. Da wir Menschen uns zu einem vollständigen Bewusstsein hin zu entwickeln scheinen, musste die Art der Entwicklung in der Vergangenheit erst uns Menschen bewusst gemacht werden. Deshalb war es Darwins Aufgabe, dies zum Ende eines 26.000-jährigen Zeitalters zu tun.

Der Grund, warum er den Glauben an Gott verloren hatte, scheint mir darin zu bestehen, dass er einerseits sich seines Auftrags nicht bewusst war und andererseits über den frühen Tod seiner Tochter nicht hinweggekommen ist. Er zweifelte an Gott, da er nicht verstand, dass Gott so etwas zuließ. „Wieso lässt Gott zu, dass Schwächere einfach untergehen und weshalb hat er mir meine Tochter so früh genommen?" Er hatte das ewige Leben noch nicht erfahren. Vor ihm hatte sich noch keiner mit solchen Fragen der Evolution beschäftigt und deshalb hatte sie sich auch keiner gestellt. Die Menschen lebten einfach, ohne sich große Gedanken zu machen.

Da aber die darwinistische Theorie von Teilen der Wissenschaft mit in die Gegenwart genommen wurde und von einigen selbst heute noch als allein gültig erklärt wird, frage ich mich, ob solches Denken zu unserer Ellenbogengesellschaft geführt hat.

Das heißt: Darwin hatte die Evolutionsgeschichte der Vergangenheit aufgedeckt, was für ein vollständiges Bewusstsein der Menschheit erforderlich ist. Die Evolution der Gegenwart und Zukunft hat jedoch damit nichts mehr zu tun. Wir müssen sie davon trennen und in die Vergangenheit, wo sie hingehört, zurückgeben. Alles, was wir heute beweisen können, ist in der Vergangenheit passiert und niemals in der Zukunft. Deshalb ist alles Bewiesene schon Vergangenheit und hat im Moment des Beweises seine Gültigkeit für die Gegenwart und Zukunft schon verloren. Das ist die Evolution in ein völlig neues Zeitalter der Menschheit. Die Zukunft heißt: Ein Leben miteinander und füreinander. Ein Leben der Liebe – und Gott ist die Liebe.

Vor 2.000 Jahren hatte Jesus uns dies schon gelehrt und vor allen Dingen auch vorgelebt. Er war ein Vorbote und

Wegbereiter für das, was jetzt kommt. Das Christentum hat sich über die ganze Welt verbreitet. In vielen Ländern gibt es karitative Einrichtungen, die sich um die Armen und Schwachen kümmern. Vordergründig hört sich das auch gut an. Wenn wir aber hinter die Systeme schauen, so ist vieles jedoch alles andere als gut. In sozialen Einrichtungen, Kirchen, Krankenhäusern und Altenheimen regiert immer noch das Geld. Noch ist die Bilanz wichtiger als das Wohl der Menschen. Auch sind viele Mitarbeiter in sozialen Einrichtungen mehr an ihrem eigenen Auskommen interessiert als am Wohl der Bewohner. Je mehr das Ego in uns sich auflöst, umso mehr entwickeln wir uns hin zum Frieden in der Welt.

Die Delfine leben uns dies täglich vor. Ist einer von ihnen krank, kommen andere und schubsen ihn wieder nach oben, damit er atmen kann. Keiner fragt zuvor, ob er auch krankenversichert ist. Keiner macht sich Gedanken darüber, was er morgen essen soll. Sie leben in bedingungsloser Liebe, im Hier und Jetzt.

Wir Menschen können dies natürlich nicht von jetzt auf gleich umstellen. Dazu muss jeder Einzelne bei sich beginnen. Die Systeme, die das Geld horten und damit dem Lebenskreislauf entziehen, müssen aufgelöst werden. Dieser Prozess ist in vollem Gange, und das macht Mut.

Immer wieder höre ich, dass das Einteilen in Stärkere und Schwächere auch die Schwächeren zu mehr Leistung antreiben soll. Das möchte ich einmal dahingestellt lassen und vielmehr nachschauen, ob das in der hoch technisierten Welt überhaupt nötig ist. Kürzlich sprach ich mit einem Mitarbeiter der Entwicklungsabteilung eines großen Autoherstellers, der zu mir sagte: „Wenn du wüsstest, wie viele technische Neuentwicklungen seit Jahren in unseren Schubladen verschlossen liegen, müsstest du dir wie im Mittelalter vorkommen.“ Als ich ihn fragte, weshalb diese nicht umgesetzt werden, gab er mir zur Antwort: „Dann kann die Mineralölindustrie keine so guten Geschäfte mehr machen.“ Macht es noch Sinn, die Menschen zu immer höheren Leistungen anzustacheln, wenn die schon vorhandenen Möglichkeiten nicht genutzt werden? Meines Erachtens nicht. Langsam geht auch die Zeit „Der Stärkere kommt durch“ zu Ende und das Zeitalter der Liebe und des Miteinanders hat begonnen.

Noch eine Anmerkung zu Beweisen. Immer wieder versuchen Menschen, Gott zu beweisen, doch noch keinem ist dies gelungen. Warum nicht? Da gibt es nur eine Erklärung: Nur Altes, bereits Geschehenes lässt sich beweisen. Gott ist jedoch nicht alt, sondern zeitlos. Vor allem aber ist Gott der Schöpfer allen Lebens und Seins, und das Leben ist ein fortlaufender Prozess. Wir Menschen sind die Werkzeuge Gottes, mit der die Evolution auf der Erde vorangebracht wird. Da wir auf dem Planeten des freien Willens leben, geht Gott jedoch nicht vor uns her und zeigt uns den Weg, sondern er befindet sich zeitlos hinter uns und überwacht unser Tun. Wenn wir achtsam und bewusst leben, können wir spüren, wenn Gott uns auf falsche Wege und Gedanken aufmerksam macht, und uns selber korrigieren. Wie sollten wir ihn beweisen können, wenn er sich hinter uns befindet, wir ihn nicht sehen können und er zeitlos ist? Es geht nicht. Wir können ihn ausschließlich erfahren.

9.

Der Vorrang des Religiösen in uns gegenüber der klassischen, praktizierten Religion.

Dieses Kapitel ist keine Kampfansage an die klassischen Religionen, sondern ein Beitrag zur Ökumene.

Ökumene kommt aus dem Griechischen und bedeutete ursprünglich „die bewohnte Welt“. Heute wird dieser Begriff überwiegend von den Christen für die Einheit der christlichen Religionen verwendet. Diese Einschränkung hatte und hat jedoch erhebliche Folgen für die Menschheit und den Frieden auf der Erde. Wie schon bei den Kreuzzügen zu sehen war, fühlten sich die Christen mit ihrer Religion als die allein Rechthabenden, was den Streit zwischen den Völkern aufheizte. Heute können wir dies bei den islamischen Fundamentalisten ebenso beobachten.

Was ist da geschehen? In der Bibel steht zu lesen: „Zuerst war das Wort“. Gemeint ist damit „Gottes Wort“. Gottes Wort ist der Anfang von allem, und alles Leben baut sich darauf auf. Was ist aber, wenn Gottes Wort in seinem Ursprung verändert wurde? Und wer hat es verändert? Vor allem aber stellt sich die Frage: Warum wurde es verändert? Es ist das Ego der Menschen. „Ich habe mit meiner Meinung Recht“, ist ein klares Zeichen des menschlichen Egos. Will ich als Christ jedoch alleine Recht haben, so haben alle anderen Unrecht, und der Nährboden für Kriege ist geschaffen. Wer aber profitiert von Kriegen? Es sind die, die selber an den kriegerischen Handlungen nicht beteiligt sind und mit der Herstellung von Waffen große Mengen Geld anhäufen, um ihr Ego zu befriedigen. Sie schicken ihre Bauern voraus. Da das Ego jedoch unser Verstand ist und nichts mit unserem Wesenskern ›dem Göttlichen Funken in uns‹ zu tun hat, können wir so auch nicht mit unserem höheren Selbst in Einklang kommen. Wir bleiben eine gespaltene Persönlichkeit. Ganz gleich, ob wir solche Befehle erteilen oder diese ausführen. Die Geschichte lehrt uns, dass noch kein Kriegsfürst oder Kirchenführer mit einem solchen Ansinnen Erfolg hatte. Das Ego arbeitet letztendlich aber auch immer gegen uns selbst. Bekommt das Ego nicht seinen Willen, beginnt es seinen Körper und seinen Lebensraum zu zerstören. Dies geschieht sowohl durch Krankheiten, als auch durch Freitod.

Zum anderen zerstört das Ego oft auch sein Umfeld. Dazu möchte ich ein Beispiel geben. In der Nähe der Stadt Oldenburg in Oldenburg gibt es eine Brücke über die Hunte. An dieser Brücke ist eine Gedenktafel angebracht, auf der geschrieben steht, dass die Nazis die vorherige Brücke 1945, nach Beendigung des zweiten Weltkrieges, selber haben sprengen lassen. So steht dort: „Wenn wir diese Brücke selbst nicht mehr nutzen können, so sollen die Menschen, die dort leben, sie auch nicht mehr benutzen.“ Eine solche Tat ist bekannt als „Neroischer Befehl“. Das ist das kranke Ego.

Das Ego kann jedoch niemals so viel Besitztum anhäufen, dass der Mensch glücklich wird. Es wird weiterhin auf der Suche bleiben und mehr und mehr haben wollen. Es gibt genügend traurige Beispiele dafür, worunter die Nachkommen bis heute noch zu leiden haben. Die Abspaltung von unserem Wesenskern, dem höchsten Selbst, bleibt bestehen. Jesus sagte zu diesem Thema: „Eher geht ein Kamel durch ein Nadelöhr, als dass ein Reicher ins Himmelreich kommt."

Mit dem Ende der klassischen Religionen meine ich somit ausschließlich das Ende des Egos in uns und in unserer eigenen Religion. Sobald wir uns von dem Anspruch befreit haben, dass nur unsere Religion die richtige ist, können wir auch unsere Mitmenschen so annehmen, wie Gott sie geschaffen hat. Und das ist der Beginn des Religiösen in uns.

Die bewohnte Erde (Ökumene) meint alle Menschen und Geschöpfe. Die Buddhisten gab es bereits vor den Christen, sie sind Teil der bewohnten Erde. Auch sagte Jesus: „Gehe nicht nach Asia". Damit meinte er, dass in Asien bereits gute Lehren vorhanden sind, die in seiner eigenen schon mit eingeschlossen sind. Für die Urchristen war die Reinkarnationslehre bis zum 4. Jahrhundert selbstverständlich. Heute wird der Begriff Ökumene aufgeteilt:

1. Die Ursprungsbedeutung: „Die bewohnte Erde"
2. Die abrahamitische Ökumene, die besagt, dass Juden, Christen und Moslems den gleichen Urvater Abraham haben und diese Religionen sich über diese Gemeinsamkeiten annähern sollen.
3. Die christliche Ökumene, die für die Einheit der Christen steht.

Jede Form der Ökumene ist für sich allein schon ein Fortschritt, beinhaltet jedoch nicht die Ursprungsworte Gottes. Die heißen unmissverständlich ›die bewohnte Welt‹, und beinhalten alle Menschen und Rassen der Erde, so wie natürlich auch alle anderen (Lebe-)Wesen der Erde.

Ich selber gehe meinen Weg als Christ und gehöre seit 2003 wieder der katholischen Kirche an. Ganz bewusst bin ich wieder in die katholische Kirche eingetreten. Zum einen weiß ich um die begangenen Fehler der Kirche und verdränge sie nicht. Zum anderen habe ich jedoch nicht das Recht, diese Fehler bis zum Sankt Nimmerleinstag nachzutragen. Vergebung ist eine der wichtigsten Lektionen in unserem Leben. Nach der Vergebung dürfen wir dann damit beginnen, Wahrhaftigkeit in die Welt zu tragen. Deshalb ist auch dieses Buch entstanden. Jeder trägt Verantwortung für unsere Erde.

Auch empfinde ich eine große Dankbarkeit gegenüber den katholischen Nonnen und Mönchen, die mich wunderbar begleitet haben.

a. Das „Vaterunser" persönlich genommen.

Lange habe ich mit mir gehadert, ob ich das „Vaterunser" überhaupt verändern darf und kam zu dem Schluss, es zu tun. Was war aber der Grund dafür, dass ich überhaupt einen solchen Gedanken hatte. Schon als Kind, und auch heute noch, hatte und habe ich ein gemischtes Gefühl, wenn ich in einen Gottesdienst gehe. Zum einen sehe ich Menschen, die tatsächlich zur Gottesanbetung gehen, zum anderen auch die, die dahin gehen, damit sie gesehen werden und niemand sagen kann, sie wären nicht religiös. Sie spielen eine Religiosität vor, doch es geht ihnen meistens nur um den eigenen Vorteil. Lebe ich als Geschäftsmann in einer stark kirchlich geprägten Region, so ist es geschäftsschädigend, wenn ich mich nicht im Gottesdienst sehen lasse. Das jedoch hat mit Glauben nichts zu tun. Nun sitzen viele Menschen zusammen in der Kirche und beten um die Vergebung der Sünden. Ein großer Teil von ihnen meint dies auch wirklich so. Das sind in der Regel aber die, welche die wenigsten Fehler im Leben begehen. Nun beten alle pauschal: „Herr vergib uns unsere Schuld", und die Kraft der Gedanken bewirkt eine kollektive Vergebung der Schuld. So wird auch *den* Menschen die Schuld vergeben, die nur auf sich und ihren eigenen Vorteil bedacht sind und die in keiner Weise bereit sind, etwas für das Wohl der Mitmenschen zu tun. Auch gibt es viele, die vorgeben, mildtätig zu arbeiten, um damit von ihrer Egozentrik und Gier abzulenken. Ein Beispiel dazu finden Sie im letzten Kapitel.

Damit schaden wir nicht nur der gesamten Menschheit und der Erde, sondern auch den Egozentrikern selber. Solange ihnen die Schuld für ihr Handeln immer wieder abgenommen wird, ohne dass sie dazu etwas bei sich verändern, leben sie so weiter wie bisher. Somit verhindern wir bei einem pauschalen Gebet auch die Bewusstwerdung der Egozentriker.

Wie kam ich aber dazu das „Vaterunser" in ein persönliches Gebet zu verwandeln?

Vor einiger Zeit war ich des Öfteren in einer evangelischen Freikirche. Der Pastor sagte immer wieder: „Wir müssen Jesus persönlich nehmen." Dem schließe ich mich als Christ an, denn Jesus hat uns alle ausdrücklich eingeladen, ihm zu folgen. Somit sind wir alle in die

Nachfolge Christi eingeladen. Deshalb habe ich das „Vaterunser" auch in ein persönliches Gebet umgewandelt. Zunächst schreibe ich einmal den von mir veränderten Text. Im Anschluss werde ich die einzelnen Änderungen erläutern.

Vater unser

Vater unser im Himmel,
Geheiligt werde Dein Name.
Dein Reich komme.
Dein Wille geschehe,
wie im Himmel so auf Erden.
Mein tägliches Brot gib mir heute.
Und vergib mir meine Schuld,
wie auch ich vergebe meinen Schuldigern.
Und führe mich nicht in Versuchung,
sondern erlöse mich von dem Bösen.
Denn Dein ist das Reich,
und die Kraft und die Herrlichkeit
In Ewigkeit. Amen.

Dies mag zunächst egoistisch erscheinen, ist es allerdings bei näherer Betrachtung nicht. Habe ich das Recht, Gott um Brot für einen Menschen zu bitten, der sich gerade in einer Fastenzeit befindet oder abnehmen möchte? Meines Erachtens habe ich dieses Recht nicht. Dies tue ich jedoch bei einem pauschalen Gebet. Was die Hungernden in der Welt anbelangt, kann jeder ein separates Gebet für genau diese Menschen sprechen. Ein solches Gebet hat auch eine wesentlich größere Wirkung, da es nur für die Menschen bestimmt ist, die Hunger haben, und nicht gleichzeitig auch noch die mit einschließt, die sowieso schon im Überfluss leben.

Und vergib mir meine Schuld,

Hier wird das Persönliche noch wichtiger. Für mich bedeutet das Wort „Schuld“, einen Fehler gemacht zu haben. Es ist leichter, den Fehler einer Gruppe einzugestehen, als selber gezielt einen Fehler einzuräumen und Gott persönlich um Vergebung meines Fehlers zu bitten. Dieser Satz des Gebetes birgt allerdings noch wesentlich größere Gefahren, wie wir im letzten Kapitel sehen werden. Im bisherigen Gebet bitten wir pauschal um die Vergebung der Schuld, ganz gleich, ob die Mitmenschen bereit sind, einen Fehler von sich aus einzugestehen oder nicht. Auch ist nicht sicher, dass das alte „Vaterunser“ tatsächlich das Ursprungsgebet ist. In allen Lehren ist über die Jahrhunderte hinweg viel verändert worden.

wie auch ich vergebe meinen Schuldigern.

Auch Schuld darf man nicht pauschal vergeben, sonst kann damit großer Missbrauch betrieben werden, wie das letzte Kapitel noch zeigen wird. Die Vergebung muss einer Person oder Handlung zugeordnet sein und von mir persönlich vorgenommen werden. Auch ist eine Vergebung aus dem Verstand heraus nicht wirksam. Sie muss aus der Tiefe des Herzens kommen.

Und führe mich nicht in Versuchung,

Jeder Mensch darf für sich frei entscheiden, wie er leben will. Manche Menschen müssen erst noch einige negative Erfahrungen auf der Erde sammeln, um die negative Seite des Lebens zu erfahren. Erst wenn diese Erfahrungen gemacht sind, kann er sich bewusst entscheiden, ob er sich dem Licht oder der Dunkelseite zuwendet. Bete ich pauschal für alle, so verhindere ich auch, dass ein anderer Mensch seine Lebenserfahrungen machen kann.

sondern erlöse mich von dem Bösen.

Auch Erlösung darf ich nur für mich erbitten. Erbitte ich die Erlösung für andere Menschen, nehme ich ihnen die Verantwortung für ihr eigenes Leben ab. Das sagt der Satz ›Dein Wille geschehe‹ aus. Gott allein entscheidet, wer zur Erlösung gelangt, und wer nicht. Da das Göttliche in jedem von uns vorhanden ist, muss jeder diese Entscheidung für sich treffen. Erst dann ist sie von Gott.

In Kapitel 5 schrieb ich von der Predigt des Priesters, worin er sagte: „Wenn auch nur noch ein kleiner Funke Liebe in dir ist, so gehe in diesen Funken hinein und lasse ihn wieder aufleben.“ Dieser Priester hatte mich damit eingeladen, eine Entscheidung zu treffen. Mehr nicht. Eine Entscheidung für mich und mein Leben. Dafür bin ich ihm unendlich dankbar. Auch ist die Gemeinschaft betender Menschen sehr hilfreich, diesen kleinen Rest des Funkens noch zu erkennen.

b. Kirchengemeinden und Glaubensgemeinschaften der Zukunft

Betende Gemeinschaften sind gut und kraftvoll, ersetzen jedoch nicht den Weg in die Stille. Jesus wurde für 40 Tage in die Wüste geschickt und dort vom Teufel versucht. Die Wüste steht sinnbildlich für die Stille und der Teufel für die negativen Energien in uns, die transformiert werden wollen. Und diese negativen Energien gibt es in jedem von uns.

So möchte ich Sie einladen, sich in ihrer Gemeinde einzubringen, zum Wohl aller Menschen. Und wenn Sie sich kraftvoll genug fühlen, sich für einige Zeit aus der Gemeinde zurückzuziehen und in die Stille zu gehen. Die Nonnen und Mönche in den Klöstern tun dies genauso. Sie verlassen regelmäßig ihr eigenes Kloster und machen Exerzitien in einem anderen Kloster, wo sie nicht in das Tagesgeschehen involviert sind. Viele Klöster stehen den Menschen für einen solchen Rückzug zur Verfügung. Es ist auch besonders erfreulich, dass viele Klöster gar nicht erst nach einer Religionszugehörigkeit fragen. Das Religiöse in uns darf leben, ganz gleich welcher Lehre wir folgen. Das ist Ökumene in der ursprünglichen Bedeutung.

Nach einer solchen Rückzugszeit können Sie wieder aktiv in Ihrer Gemeinde mitwirken und andere Mitglieder dazu ermutigen, ebenso in die Stille zu gehen. Der Christus in uns beginnt zu leben, und Sie gehen als Vorbild voraus. Das hat Jesus uns gelehrt, als er sagte: „Folge mir nach!" Jesus meint jeden von uns persönlich. Folgen wir Jesus auf seinem Weg, gehen wir auch für andere Menschen voraus. Dabei ist jedoch kein Mensch besser oder weiter als ein anderer, sondern jeder befindet sich in seinem ureigenen Entwicklungsprozess.

Vor einigen Jahren hatte ich in der Stadt Schleswig zu Pfingsten an einer ökumenischen Prozession teilgenommen, die von Kirche zu Kirche führte. In jeder dieser Kirchen wurde nach den jeweils dort üblichen Ritualen eine kurze Andacht gehalten. Das war eine sehr schöne Erfahrung. Während des Laufens führte ich immer wieder mit anderen Menschen Gespräche. Ich war auf der Durchreise und kannte niemanden dort. Als ich mich mit einer Frau unterhielt, kam eine andere dazu und fragte die erste: „Woher kennst du den denn?". Als sie dann hörte, dass die Frau mich gar nicht kannte, warf sie ihr vor: „Wie kannst du dich denn mit einem fremden Mann unterhalten?" Da wurde mir klar, sie hatte den Sinn dieser ökumenischen Prozession noch nicht erkannt. Ökumene heißt doch, mit anderen Menschen ins Gespräch zu kommen, gerade auch dann, wenn wir sie noch nicht kennen. Säe ich Misstrauen gegenüber anderen Menschen, so ernte ich auch das, was ich gesät habe. Die Menschen werden mir gegenüber ebenso misstrauisch sein.

Zum Schluss dieses Kapitels möchte ich Sie einladen und ermutigen, auch an den Gottesdiensten anderer Religionsgemeinschaften teilzunehmen. Gehen Sie unvoreingenommen und bedingungslos in einen solchen Gottesdienst, so werden Sie auch die Schönheit und Kraft dieser betenden Gemeinde in sich erfahren. Und diese Erfahrung wünsche ich Ihnen und mir von ganzem Herzen.

Noch ein letztes Geheimnis: Ich kann Theologie oder Religionswissenschaften studieren, solange ich will. Dabei lerne ich alles über die Religionen, aber von Gott weiß ich noch nichts. Denn Gott kann man nicht lernen. Gott kann man nur erfahren. Mit Gotteserfahrung hat sich der Glaube an Gott in das Wissen um Gott verwandelt. Und das ist Bewusstsein. Und das kann man über jede Religion erfahren und dadurch erkennen, dass jede Religion ihre Berechtigung hat.

10.

Bewusstes Atmen, Heilung und Gesundheit. Praktische Übungen

In diesem Kapitel schreibe ich über Heilung durch Atemübungen und Übungen mit dem bewussten Energiefluss, wie ich sie selber anwende. Manches davon habe ich einfach ausprobiert, einiges auch von anderen gehört oder gelesen. Da ich jedoch sehr vieles probiert habe, weiß ich nicht mehr, aus welcher Quelle diese Übungen und Teile davon stammen. Auch habe ich vieles kombiniert. So werden Sie beim Lesen sicherlich Methoden wiederfinden, die in anderen Büchern und Lehren schon beschrieben sind. Ich möchte mit dem Folgenden keine Urheberrechtsverletzung begehen, sondern Ihnen lediglich mitteilen, womit ich arbeite und Sie einladen, es auch anzuwenden. Das Urheberrecht bleibt somit da, wo es hingehört, also beim Urheber, der nicht ich bin. Der Urheber der Atmung, des Energieflusses und somit der Heilung ist und bleibt der Schöpfer selber.

Bevor ich jedoch mit den Beschreibungen beginne, möchte ich noch etwas Grundsätzliches zur Heilung allgemein schreiben. Heilung geschieht ausschließlich aus uns selbst heraus und ist mit der Auflösung des Egos verbunden. Die klassische Schulmedizin kann oft lediglich die akuten Probleme lindern, nicht aber eine wirkliche Heilung herbeiführen. Damit will ich die Arbeit der Mediziner nicht gering schätzen, das Gegenteil ist der Fall.

Viele Mediziner würden gerne wesentlich mehr auf die geistige Heilung eingehen, wenn es ihre Patienten zuließen. So sagte mein Hausarzt einmal zu mir, als ich eine Rippe gebrochen hatte: „Ich kann Ihnen nicht wirklich helfen, da die Rippe von selbst heilen muss. Ich glaube aber, Ihnen sagen zu dürfen, dass Sie den Heilungsprozess durch das Auflegen Ihrer Hände und mit der Bitte um Heilung wesentlich unterstützen können." Ich sagte ihm, dass ich das schon seit Jahren selbst tue. Daraufhin antwortete er: „Das hatte ich im Gefühl, und es ist wohltuend, dass es bei Ihnen so ist. Die meisten meiner Patienten wollen davon jedoch nichts wissen und kommen mit einer völlig falschen Vorstellung in meine Praxis. Mir bleibt dann nichts anderes übrig, als ihnen Tabletten zu verschreiben."

Natürlich gibt es auch noch viele Ärzte, die Heilung auf der geistigen Ebene als Quatsch ansehen und lediglich für jede Krankheit ein Medikament oder eine Operation verordnen. Es werden aber immer weniger, denn ihre Erfolge bleiben mehr und mehr aus.

So ist es wichtig, einen Mittelweg zu finden, die Patienten sowohl mit der klassischen Medizin zu versorgen, als auch nebenbei kleine Hinweise zu den Selbstheilungskräften zu geben.

Damit wird sowohl das Bewusstsein des Patienten als auch das des Arztes verändert und erweitert.

Das gilt jedoch auch für alternative Heilmethoden. Viele Heilpraktiker heilen durch ihre Methoden ihre Patienten, vermitteln ihnen jedoch noch nicht, wie sie es dauerhaft selbst tun können. Doch genau darin liegt die Zukunft des Heilens. Ein wirklich guter Heiler oder Arzt macht sich selbst arbeitslos. Nur gefällt das unserem Ego wieder nicht, denn es suggeriert uns sofort die Befürchtung: „Wovon soll ich denn dann leben?“ Vordergründig scheint das auch zu stimmen, aber bei genauerer Betrachtung sieht es anders aus. Halte ich an meinen altbewährten Methoden fest, so kann ich mich auch nicht weiterentwickeln. Das heißt, ich schade mir schließlich selbst. Dies zu erkennen, ist ein wesentlicher Schritt zur Bewusstwerdung, sowohl der eigenen, als auch der anderer Patienten.

Gebe ich mein Wissen vollständig weiter, so erhalte auch ich neues Wissen. Dadurch tun sich automatisch neue Arbeitsfelder für uns auf, von denen wir dann auch wieder leben können. Wissen vermehrt sich, wenn wir es teilen. Diese Eigenschaft hat es ebenso wie die Liebe.

Viele Menschen identifizieren sich über ihre Krankheit. Sie leben dann in der so genannten Opferrolle. Spricht man bei ihnen die Selbstheilung an, so rüttelt man an den Grundfesten ihrer Identität. Ein sehr behutsames Vorgehen ist dann wichtig, sonst verschließen sich diese Menschen noch mehr und werden zunehmend kranker. Manchmal aber ist ein deutliches Wort erforderlich, um sie aus diesem Teufelskreislauf zu befreien. Wenn ich als Heiler einem Hilfesuchenden solch deutliche Worte sage, muss ich gleichzeitig mein Mitgefühl sehr deutlich machen. In diesem Moment bleibt mein Herz offen und der berühmte Funke kann überspringen. Häufig kommt der Betreffende dann jedoch nicht mehr zu mir, sondern sucht einen anderen Heiler auf. Wäre es dann also besser gewesen, die Worte zurückzuhalten? – Nein, dann nämlich hätte das Ego des Heilers die wirkliche Heilung verhindert. Aus Angst, den

Patienten dann zu verlieren, ist dies auch keine Lösung. Auch dann würde das Ego die Heilung verhindern.

Manch ehemaliger Klient kommt oft Jahre später wieder zu dem Heiler, der seine Opferrolle angekratzt hatte, und bedankt sich bei ihm für den selbstlos gezeigten Mut.

Nun aber zur bewussten Atmung.

Der Fluss der göttlichen Lebensenergien ist unmittelbar mit der Atmung verbunden. Deshalb wird in einigen Lehren auch darauf hingewiesen, dass man mit Atemübungen sehr vorsichtig umgehen muss. Das stimmt jedoch nur zum Teil. Will ich die göttlichen Energien nutzen und bin nicht bereit, an meinem Ego zu arbeiten, dann kann es in der Tat sehr gefährlich für mich werden. Die göttlichen Energien vertragen sich nicht mit dem Ego. Es sind vollständig gegensätzliche Energien, die sich dann in mir bekämpfen. Sollten Sie dieses Buch bisher mit dem Verstand (Ihrem Ego) gelesen haben, so bitte ich Sie, keine der Übungen anzuwenden, damit Sie keinen Schaden nehmen. Vielleicht lassen Sie das Lesen dieses Kapitels sogar besser ganz aus. Folgen Sie Ihren Gefühlen.

Haben Sie jedoch dieses Buch bisher mit dem Herzen gelesen, so können Sie auch beruhigt die Übungen anwenden, da Sie die Arbeit an Ihrem Ego bereits begonnen haben. Der wahrhaftige Beginn der Arbeit mit dem eigenen Ego ist entscheidend, nicht aber der Stand, auf dem Sie sich jetzt befinden. So werden diese Übungen Ihnen bei der eigenen Bewusstwerdung helfen und Ihr Körper wird Ihnen zeigen, was im Augenblick für Sie richtig ist.

Halten Sie sich bitte auch an das, was ich schreibe. Das heißt, um ein Beispiel zu geben, dass Sie, wenn ich eine Pause empfehle, nicht einfach das Kapitel weiterlesen. Diese Vorgabe ist ausschließlich zu Ihrem Schutz. Jede Übung sollte über einen längeren Zeitraum gelesen und erarbeitet werden. Nach der Übung 1 können Sie jedoch problemlos bei Kapitel 11 *›Die Zukunft der Menschen und unserer Erde‹* weiterlesen und so den Rest des Buches erschließen.

Für die folgenden Übungen empfehle ich einen stillen Raum – oder gehen Sie in die freie Natur. Wichtig ist, dass Sie ganz alleine sind, damit keine Projektionen anderer Sie beeinflussen können.

Zunächst einmal möchte ich Sie einladen, den Atem für eine halbe Stunde bewusst anzuhalten. Sie sehen, es geht nicht. Darin liegt für mich auch der Beweis, dass Gott will, dass wir leben, sonst würden wir es ja können. Gott will jedoch nicht, dass wir unglücklich und krank unser Leben fristen. Vielmehr sollen wir bewusst und mit Freude das Leben genießen und so unsere Erfahrungen im physischen Körper und der Dualität machen. Und Gott meint alle Menschen. Auch Sie und mich.

Übung 1

Als nächstes atmen Sie langsam und tief in den Bauch hinein ein, und halten Sie den Atem ungefähr solange in sich, wie Sie eingeatmet haben. Achten Sie darauf, wie sich der Atem in Ihnen dabei anfühlt. Nehmen Sie ihn bewusst wahr und atmen Sie dann wieder langsam und vollständig aus. Diese Übung können Sie immer wieder anwenden, so wie es Ihnen angenehm ist. Jetzt haben Sie die Verantwortung für Ihre Atmung bewusst übernommen – es atmet Sie nicht mehr, sondern Sie atmen. Damit übernehmen Sie auch die Verantwortung für Ihr Leben, denn die Atmung ist untrennbar mit dem Leben gekoppelt.

Jetzt atmen Sie einmal bewusst ca. fünf Minuten auf die von mir beschriebene Weise ein und wieder aus. Legen Sie dabei Ihre ganze Aufmerksamkeit in die Atmung und fühlen Sie jeden einzelnen Zug ein- und ausströmen. Sollte dabei irgendein Gedanke kommen, so lassen Sie ihn zu und wenden Sie sich wieder unmittelbar Ihrer Atmung zu. Auf diese Weise wird der aufkommende Gedanke nicht verdrängt, aber es wird ihm auch keine Aufmerksamkeit (Energie) gegeben. Sie sind dabei nahezu vollständig bewusst. Je häufiger wir diese Übung machen, desto leichter fällt es uns. Mehr und mehr übernehmen wir die Verantwortung für unser Leben.

Nach dieser Übung schauen Sie einmal, wie Sie sich dabei gefühlt haben. In der Regel sind wir während der Übung frei von allen Sorgen und nur noch die Atmung selbst. Dann leben wir im Hier und Jetzt. Die Gedanken, die in diesen Zwischenräumen auftauchen, zeigen uns oft Themen, mit denen wir uns noch zu befassen haben. Bei dieser Übung haben sie jedoch nichts zu suchen, wir dürfen und sollen sie zu einem späteren Zeitpunkt bearbeiten.

Dazu möchte ich ein persönliches Beispiel nennen:

Als ich zum ersten Mal eine solche bewusste Atmung durchführte, wuchs in mir der Zweifel. In mir kam der Gedanke auf: „Das ist doch alles Quatsch!“ Wäre ich während der Übung in den zweifelnden Gedanken eingetaucht, so wäre mir die Erfahrung des bewussten Atmens nicht zuteil geworden. Das nachträgliche Betrachten dieses Themas ging dann folgendermaßen vonstatten. Nachdem ich die Atemübung beendet hatte, holte ich den Gedanken gezielt in mein Bewusstsein zurück und ging in eine Art gedankliches Selbstgespräch. Der zweifelnde Gedanke sagte mir nun wieder, dass es doch alles Quatsch sei, doch ich gab ihm mit vollem Bewusstsein die Antwort: „Das stimmt nicht, ich habe gerade etwas ganz anderes erfahren und das ist die neue Wahrheit in mir!“

Ein solches Selbstgespräch kann man auch als Gespräch zwischen dem Ego und dem höchsten Selbst bezeichnen. Das höchste Selbst ist unser göttlicher Teil und somit auch die stärkste Kraft in uns, der sich das Ego nicht mehr widersetzen kann und darf. Sollte es sich dennoch widersetzen wollen, was leicht passiert, dann weisen Sie Ihr Ego bewusst in seine Grenzen. Danach hält es sich in der Regel zurück und Sie können weiter an sich arbeiten.

Bei allen weiteren Übungen, die ich noch beschreibe, verhält es sich genauso. Gehen Sie in die Übungen hinein, lassen Sie aufkommende Gedanken zu, aber geben Sie ihnen keine Aufmerksamkeit (Energie) mehr. Nachdem Sie die

Übung beendet und die Erfahrung somit gemacht haben, können Sie an die Klärung des Gedankens gehen. Es hat sich gut bewährt, dies im direkten Anschluss an die eigentliche Übung zu tun, dann wird es nicht vergessen. Alles, was wir einmal bewusst erfahren haben, kann das Ego nicht mehr leugnen. Das ist auch der Grund, weshalb sich unser Ego oft gleich zu Beginn einer neuen Übung in Form von Gedanken meldet. Es weiß, dass es keine Chance mehr hat, wenn wir diese neue Erfahrung einmal gemacht haben. Alles, was wir erfahren haben, wird ein Teil von uns. Ganz wichtig ist dabei jedoch, dass wir diese Übungen vor allem anfangs regelmäßig wiederholen, damit sich das neue Wissen auch manifestieren kann. Nach jeder neuen Erfahrung kommt der Schritt des Verinnerlichens.

Deshalb bitte ich Sie auch, dieses Kapitel nicht in einem Rutsch durchzulesen, sondern jede Übung solange zu machen, bis Sie diese verinnerlicht haben, bevor Sie mit der nächsten Übung fortfahren. Auch ist es ratsam, einige Tage mit niemandem darüber zu sprechen, bis es sich bei Ihnen verinnerlicht hat. Die Länge der empfohlenen Phasen ist bei jedem unterschiedlich lang. Drei Tage ist jedoch das Minimum. Es können aber auch durchaus einige Wochen angebracht sein. Fragen Sie Ihr Herz, es wird Ihnen auch die richtige Antwort geben. Aber Obacht: Auch hier meldet sich das Ego sehr schnell wieder zu Wort und sagt Ihnen: „Ich kann das jetzt schon weiter lesen!“ Sagen Sie Ihrem Ego dann: „Nein, ich höre auf mein Herz!“

Während dieser Zeit machen Sie die Übung mindestens drei Mal täglich bewusst, und sobald Sie bemerken, dass Sie anfangen, diese Übung schon automatisch, zum Beispiel bei der Arbeit, zu machen, können Sie mit der nächsten Übung beginnen.

Gott ist ein Freund der kleinen Schritte, die untermauert sind. Mit Siebenmeilenstiefeln hingegen machen Sie in der Regel nur eine Ehrenrunde. Und das schreibe ich aus der ureigenen Erfahrung. Ich durfte mehrfach erleben, wie unangenehm es ist, auf dem Weg der Bewusstseinswerdung mit dem Kopf durch die Wand zu wollen. Es ist sicher, dass das nicht gut geht. Zu unserem eigenen Wohl lässt Gott dies nicht zu. Was dabei passieren kann, ist, abgehoben durch die Welt zu irren und im realen Leben nicht mehr zurechtzukommen.

Sie können diese Übung auch gezielt anwenden, wenn Sie sich über etwas ärgern. Gehen Sie wieder bewusst in die Atmung hinein und geben Sie dem Ärger keine Aufmerksamkeit mehr. Sobald Sie bemerken, wie sich Ihr Gemüt beruhigt, genießen Sie dieses Gefühl eine Weile. Im Anschluss daran schauen Sie sich die Situation noch einmal aus dieser Ruhe heraus an und Sie werden eine wesentlich entspanntere Lösung für die Ursache finden. Häufig löst sich der Ärger auch ganz von alleine auf, da die Ursache oft nichts mit Ihnen zu tun hatte. Das Ego neigt dazu, sich daran zu laben, wenn man sich ärgert oder aufregt.

Seien Sie kreativ und probieren Sie mit dieser Atemtechnik, die verschiedensten Lebenssituationen zu verändern.

Lesen Sie erst weiter, wenn Sie diese erste Übung wirklich ganz verinnerlicht haben. Fragen Sie Ihr Herz.

Übung 2

Bei dieser Übung verbinden wir die bewusste Atmung mit dem bewussten Fließenlassen der Lebensenergien. Zuerst lade ich Sie ein, diese Übung mitzumachen und im Anschluss daran beschreibe ich sie.

Setzen Sie sich an einen stillen Ort, wo Sie alleine sind, aufrecht hin und achten Sie darauf, dass weder Arme noch Beine überkreuzt sind. Beginnen Sie jetzt so zu atmen wie in Übung 1. Machen Sie dies so lange, bis Sie sich in tiefer Entspannung befinden. Als nächstes atmen Sie wieder einen Zug bewusst ein und ziehen Sie gleichzeitig über den Scheitel Ihres Kopfes die kosmische Energie in Ihren Körper hinein. Bündeln Sie diese Energie in Ihrem Herzen und halten Sie sie einen Moment in sich, genau so wie den Atem. Beim Ausatmen lassen Sie die Energie wieder dahin zurückgehen, von wo sie gekommen ist. Machen Sie diese Übung ca. fünf Mal und fühlen Sie bewusst, wie die Energie in Sie ein- und ausströmt.

Als nächstes ziehen Sie beim Einatmen die Energie der Erde über Ihren Beckenboden in sich hinein. Bündeln Sie auch diese in Ihrem Herzen, halten Sie sie einen Moment in sich und lassen Sie sie beim Ausatmen wieder dahin zurückgehen, von wo sie gekommen ist. Machen Sie auch diese Übung ca. fünf Mal.

Legen Sie nun eine kleine Pause ein und lassen Sie dieses Gefühl eine Weile in sich wirken.

Machen Sie auch diese Doppelübung mindestens drei Mal täglich und trainieren Sie dabei, die Atmung mit dem Energiefluss in Einklang zu bringen.

Und nun die Beschreibung der Übung:

Die Atmung fließt über die Lungen in uns ein, und die kosmischen Lebensenergien über die Chakren. Unser feinstofflicher Körper besitzt 7 Energiezentren, indisch Chakren genannt. In diesem Buch möchte ich jedoch nicht über die einzelnen Chakren und deren Wirkung schreiben, da es schon unzählige Bücher darüber gibt und andere Autoren sich damit wesentlich besser auskennen. Wenn Sie noch nichts von Chakren gehört haben, so können Sie sich ja noch entsprechende Literatur dazu besorgen. Für diese Übung ist es jedoch nicht erforderlich, mehr darüber zu wissen. Wenn Sie diese Übung gemacht haben, konnten Sie die Chakren vielleicht selber spüren und erkennen, wie sie arbeiten. Dann haben Sie es schon selbst erfahren und können anschließend darüber lesen. So verhielt es sich oft auf meinem Weg. Ich musste immer zuerst die Erfahrung selber machen. Im Nachhinein konnte ich darüber lesen und fand so die Bestätigung für das Erfahrene. Diese Vorgehensweise hat sogar einen großen Vorteil. Das Ego bemerkt erst gar nicht, dass ich dabei bin, eine neue Erfahrung zu machen, und kann sich so auch erst nach dieser Erfahrung melden. Dann ist es jedoch schon zu spät für das Ego. Die Erfahrung kann es mir nicht mehr nehmen.

Bei dieser Übung arbeiten wir mit zwei unserer Chakren. Das erste ist das Kronenchakra. Es befindet sich auf dem Scheitelpunkt unseres Kopfes. Dadurch fließt die kosmische Energie in uns ein und auch wieder aus.

Das zweite ist das Wurzelchakra. Es befindet sich am unteren Ende der Wirbelsäule im Bereich des Damms. Durch dieses Chakra fließt die Energie von Mutter Erde in uns ein und aus. Durch das Hereinholen über das Chakra und das Ausströmen über das gleiche Chakra öffnen und reinigen Sie es. Je offener und reiner es ist, desto wirkungsvoller ist die spätere Arbeit.

Arbeiten Sie mit dieser Übung auch wieder einige Tage, bevor Sie weiterlesen. Sobald Sie bemerken, dass Atmung und Energiefluss im Einklang, also synchron sind, können Sie die nächste Übung beginnen.

Übung 3

Bei dieser Übung verbinden wir die beiden Teile von Übung 2. Atmen Sie wieder bewusst langsam und tief ein und aus, wie bei Übung 1. Sobald Sie in tiefer Entspannung sind, atmen Sie langsam ein und ziehen Sie über Kronen- und Wurzelchakra gleichzeitig die Energien ein. Bündeln Sie sie wieder in Ihrem Herzen und halten Sie beide Energien einen Augenblick in sich. Dann atmen Sie wieder aus und lassen die Energien über die beiden erwähnten Chakren austreten. Bei dieser Übung ist es sehr wichtig, darauf zu achten, dass die Energien nirgendwo anders hin entweichen. Das könnte sich zu diesem Zeitpunkt negativ für Sie auswirken. Bei dieser Übung ist die wichtigste Erfahrung für Sie, Herr über den Fluss dieser Energien zu werden und Ihr Ego im Zaum zu halten.

Arbeiten Sie mit dieser Übung unbedingt einige Wochen, bevor Sie die nächsten lesen und weitermachen. Die Beschreibung dieser Übung 3 sollten Sie allerdings jetzt noch lesen.

Als nächstes beschreibe ich, was bei dieser Übung geschieht. Wir werden zum Medium. Das heißt, dass sich die kosmischen Energien und die von Mutter Erde in uns treffen und vereinen. Achten Sie beim Lesen dieses Satzes ganz besonders auf Ihr Ego. Vielleicht hat es sich während der letzten Tage noch zurückgehalten, doch an dieser Stelle bricht es meist mit voller Kraft hervor. Gedanken wie: „Oh, jetzt bin ich ja schon ein Medium!“ oder „Was bin ich doch schon weit im Vergleich zu den anderen“, sind unverkennbare Zeichen des Egos. Es liegt an Ihnen, ob Sie es jetzt nähren oder in seine Schranken verweisen. Das Ego wird genährt, indem Sie dem so leicht aufkommenden Gedanken, dass Sie etwas ganz besonderes sind, Beachtung schenken. Ihr Ego wird sich in dieser Energie baden. Um das zu vermeiden, können Sie gleich zu Beginn des Gedankens sofort wieder in die Übung 1 gehen und sich ausschließlich auf Ihre Atmung konzentrieren.

Das Ego will Ihnen vorgaukeln, dass Sie ein ganz toller Mensch sind. Es wird Ihnen suggerieren, dass Sie die Welt mit Ihren neuen Fähigkeiten retten können. Und gerade in esoterischen Kreisen liegt darin auch das Problem. Ein großer Teil dieser Menschen ist genau an dieser Stelle dem Ego auf den Leim gegangen. Das kann einige Zeit, oft sogar Jahre gut gehen und sie erleben manchmal einen ungeahnten Höhenflug, auch beruflich und finanziell. Der Absturz ist jedoch genauso sicher wie das Amen in der Kirche. Und der Absturz hängt auch unmittelbar mit dem Aufstieg zusammen. Ist jemand hoch auf dieser Egowelle aufgestiegen, wird er natürlich auch tief abstürzen. Mein Anliegen ist es jedoch, Sie vor diesem Absturz zu bewahren.

Sollten Sie sich indes zurzeit auf dieser Egowelle befinden oder bereits abgestürzt sein, so verzweifeln Sie nicht. Wirklich gute Heiler können Ihnen dabei behilflich sein, Sie dort wieder herauszuholen. Wenn Sie es zulassen, werden Sie diese auch finden.

Als nächstes beschreibe ich, wie wir mit dieser Energie umgehen können und wie wir unser Ego in die Schranken verweisen. Das Grundprinzip dabei ist die Demut. Demut bedeutet nicht, dass ich mich klein und unterwürfig machen soll, sondern sie ist die bedingungslose Anerkennung des Ursprungs dieser Energien, und das bewusste Akzeptieren, dass sie allen Menschen und Wesen der Erde gleichermaßen zustehen. Das heißt: Die bedingungslose Akzeptanz des Schöpfers. Die Energie kommt nicht von Ihnen, sondern sie fließt durch Sie. Und sie fließt nicht, wenn Sie es wollen, sondern wenn der Schöpfer es will.

Machen Sie diese Übung regelmäßig, mindestens ein Mal am Tag, und üben Sie die bewusste Steuerung des Energieflusses. Das heißt: Achten Sie darauf, dass die Energien ausschließlich wieder durch die zwei beschriebenen Chakren austreten. Anderenfalls würden Sie wie eine insektenumschwirrte Laterne in der Nacht durch die Gegend laufen und alle möglichen negativen Energien einfangen. Sobald Sie unter Menschen gehen, hören Sie vorher mit dieser Form der energetischen Atmung auf, damit das nicht passieren kann.

Das bewusste Atmen der Übung 1 können und sollten Sie jedoch schon in Ihren Alltag einfließen lassen. Dabei besteht diese Gefahr nicht.

Und jedes Mal, wenn sich Ihr Ego meldet, begrüßen Sie es. Sagen Sie ihm: „Hallo liebes Ego, ich habe dich erkannt, und ich gebe dir keine Energie mehr.“ So können Sie Schritt für Schritt den Energiefluss zwischen Mutter Erde und dem Kosmos in sich aufbauen und Ihr Ego in Schranken halten. Sprechen Sie auch noch mit niemandem darüber. Zum einen können es andere vielleicht nicht verstehen, zum anderen besteht die große Gefahr, dass sich Ihr Ego wieder einschleicht. Sollten Sie jedoch einmal das Gefühl haben, doch mit jemandem darüber sprechen zu müssen, prüfen Sie vorher genau, mit wem dies möglich ist. Es gibt nur sehr wenige Menschen, die das verstehen. Sie können jedoch ein solches Gespräch auch direkt mit dem Schöpfer führen, so wie ich es in Kapitel drei beschrieben habe.

Je länger Sie mit dieser Übung arbeiten, umso sicherer werden Sie darin. Auch beginnen viele, alte Wunden in dieser Zeit zu heilen. Dann kann sich sowohl Ihr physischer Körper als auch Ihr feinstofflicher Körper regenerieren. Durch das Regenerieren Ihres feinstofflichen Körpers beginnt sich auch die Hülle Ihrer Aura zu erholen. Und so werden Sie weniger anfällig für negative Energien.

Zur Heilung gehört jedoch auch die Vergebung, und das ist ein Prozess, der Zeit braucht.

Das ist auch der Grund, weshalb Sie diese Übung über einen längeren Zeitraum machen sollten.

Übung 4

Stimmen Sie sich wieder mit der Übung 1 ein, bis Sie tief entspannt sind. Atmen Sie jetzt wieder wie in Übung 3 beschrieben ein und halten Sie den Atem und die Energien einen Moment in Ihrem Herzen gebündelt. Beim Ausatmen schicken Sie die Energie jetzt in Ihren physischen Körper hinein und fühlen Sie, wie er davon durchströmt wird. Dabei können Sie die Energie auch gezielt an Stellen schicken, die besonderer Heilung bedürfen. Unterstützend können Sie Ihre Hände auf die entsprechende Stelle legen. Machen Sie diese Übung mindestens drei Mal täglich. Wie bei allen diesen Übungen achten Sie darauf, dass Sie wieder ganz alleine sind. Diese Übung dient der Heilung Ihres physischen Körpers, die Sie auch noch durch eine gesunde Ernährung unterstützen können. Wichtig ist auch, dass Sie vor und nach dieser Übung viel klares Wasser trinken. Damit werden weitere schädliche Stoffe aus Ihrem Körper geschwemmt, die Ihren Körper belasten.

Und nun das Wichtigste dieser Übung: Danken Sie dem Schöpfer für diese Heilung.

Arbeiten Sie auch mit dieser Übung einige Tage oder Wochen, bis sich Ihr Körper spürbar erholt hat. Sobald Sie eine deutliche Veränderung in sich bemerken, können Sie mit Übung 5 weitermachen.

Übung 5

Diese Übung ist im Prinzip genauso wie Übung 4, nur schicken Sie die Energie nach der Bündelung in Ihrem Herzen jetzt über Ihren physischen Körper hinaus in den feinstofflichen hinein. Dann beginnt der feinstoffliche Körper zu heilen und die Schutzhülle Ihrer Aura schließt sich mehr und mehr. So werden Sie immer weniger angreifbar durch negative Energien. Auch kann sich so Ihre Aura immer weiter ausbreiten. Zum gegenwärtigen Zeitpunkt sollten Sie diese Übung jedoch noch in der Stille, also ganz alleine anwenden und noch nicht darüber sprechen. Trinken Sie vor und nach dieser Übung viel Wasser, denn auch die schädlichen Teile in Ihrem feinstofflichen Körper werden so ausgespült.

Zum Ablösen und Ausscheiden schädlicher Energien ist auch das Gähnen sehr hilfreich. Sobald Sie das Gefühl haben, gähnen zu müssen, lassen Sie es zu und halten Sie dabei keine Hand vor den Mund, damit die Energien ungehindert entweichen können. Auch bei dieser Übung ist es wichtig, keinen Gedanken aufkommen zu lassen, sondern mit Ihrem ganzen Bewusstsein bei dieser Übung zu bleiben. Sollte ein Gedanke kommen, so bearbeiten Sie diesen im Anschluss an die Übung. Schauen Sie sich den Gedanken dazu bewusst an und bewerten Sie ihn nicht. Sobald Sie beginnen, ihn zu bewerten, meldet sich Ihr Ego zurück und das Elend geht von neuem los. Schauen Sie ihn jedoch bewertungslos an, so geht er von alleine in die Vergangenheit zurück, und da gehört er auch hin. Da dieser Gedanke jetzt weder verdrängt, noch mit Energie versorgt wurde, meldet er sich in der Regel auch nicht mehr zurück.

Sollte er sich dennoch zurückmelden, so ist die Situation noch nicht ausreichend vergeben und verschmerzt worden.

Dann gehen Sie noch einmal in die Situation dieses Gedankens hinein und vergeben Sie mit Ihrem Herzen den daran beteiligten Personen, und vor allen Dingen auch sich selber. Das ist meist das Schwierigste – sich selbst zu vergeben. Jetzt bitten Sie Gott um die Vergebung der Schuld und lassen Sie zu, dass sie Ihnen genommen wird. Bedauerlicherweise ist das Wort Schuld negativ belastet. Das sind noch Nachwirkungen der von der Kirche suggerierten Schuld aller. Gerne können Sie es auch durch das Wort Fehler ersetzen, in dem Wissen, dass wir auch durch gemachte Fehler lernen und wachsen können. Ein Kind lernt die Bedeutung des Wortes „heiß", wenn es einmal etwas Heißes berührt hat.

Wenn die Bitte um Vergebung mit reinem Herzen geschehen ist, können Sie die Auflösung dieser Situation unmittelbar in Ihrer Seele spüren. Es fällt Ihnen ein Stein vom Herzen. Genießen Sie nun dieses wunderbare Gefühl. Sollten Tränen dabei kommen, so lassen Sie sie fließen und schauen Sie, wie wohltuend sie sind. Es sind Tränen der Freude, und das Leid ist überwunden.

Das Wichtigste dieser Übung ist natürlich auch wieder das Danken.

Arbeiten Sie mit dieser Übung über einen langen Zeitraum (mindestens ein halbes Jahr), bevor Sie es im

Beisein von Menschen anwenden. Dies dient ausschließlich zu Ihrem Schutz.

Die nächsten Übungen können Sie jedoch schon jetzt sorglos lesen, damit Sie wissen, was auf Sie zukommt und Sie dies dann im gegebenen Augenblick anwenden können.

Übung 6

Wenden Sie Übung 5 unter Menschen an. Machen Sie dies die ersten Male im Beisein von lieben und Ihnen bekannten Menschen. Dazu brauchen Sie keine besondere Haltung einzunehmen, sondern lediglich in Ihrer Mitte zu sein. Ob Sie stehen, sitzen oder laufen, ist unwichtig. Sprechen Sie auch nicht darüber, weder vorher noch nachher. Sonst besteht die Gefahr, dass sich Ihr Ego noch einmal meldet, und dann geschieht nichts, außer, dass Sie vielleicht mitleidig belächelt werden. Auch ist es gut, nichts zu wollen und auch keine Erwartung zu haben. Eine Erwartungshaltung geht immer vom Ego aus. Mittlerweile hat sich Ihr Ego jedoch schon an diese neue Rangordnung gewöhnt und es ist nicht mehr schwer, es in seine Schranken zu verweisen. Sie übernehmen mehr und mehr die Verantwortung für Ihr eigenes Leben, und das Ego entwickelt sich zu Ihrem Helfer bei Ihrer Bewusstwerdung. So hat das Ego eine neue Aufgabe erhalten, in der es sich auch wohl fühlt.

Wann immer Sie jetzt diese Übung im Beisein von Menschen machen, sprechen Sie niemals von sich aus darüber. Sie werden sehen, es wird nicht lange dauern, und die ersten beginnen zu fragen, was sich bei Ihnen verändert hat. Bevor Sie dann antworten, weisen Sie Ihr Ego liebevoll in seine Schranken und bitten den Schöpfer um die richtigen Worte.

Dazu sind folgende Sätze sehr hilfreich.

„Mein Herr und mein Gott, nimm mich mir und gib mich ganz zu eigen Dir“ (Niklaus von Flüe).

„Dein Wille geschehe.“

„Schöpfer – sprich Du durch mich.“

„Herr, gib mir die Worte, die diese Menschen jetzt brauchen.“

Mit dem Wort „Herr“ haben viele Menschen Schwierigkeiten. Auch das sind Nachwirkungen der dogmatischen Lehren der Kirchen, die Gott in den Himmel eingesperrt haben. Gott befindet sich allerdings in allem, was ist – in seiner Schöpfung. Sage ich nun „mein Herr und mein Gott“, so meine ich den göttlichen Teil in mir, mein höchstes Selbst, meinen Wesenskern.

Achten Sie auch darauf, dass Sie nur sehr wenig darüber sprechen, damit Sie nicht wieder in Ihr Egomuster rutschen. Sollte jemand beginnen, Sie mit Fragen zu löchern, so ziehen Sie sich behutsam und liebevoll aus der Gruppe zurück. Woher kommt eigentlich die Aussage „mit Fragen gelöchert werden“? Ganz einfach. Es wird dann der Schutz Ihrer Aura durchlöchert. Dadurch können negative Energien ungehindert in Sie eintreten und ihr Unwesen in Ihnen treiben. Warum geschieht das? Die Menschen fühlen in Ihnen eine unbekannte Kraft und möchten wissen, wie man diese Kraft bekommt. Sie wissen jedoch nicht, dass sie diese Kraft von

Ihnen selber nicht nutzen können. Sie tun dies nicht, weil sie böse sind, sondern ausschließlich, weil sie es noch nicht wissen. Sollten weitere Fragen kommen, so weisen Sie auf die Bücher hin, die Ihnen geholfen haben.

Ihre Aufgabe besteht jetzt darin, dieses göttliche Licht zu den Menschen zu tragen und sie neugierig zu machen, es jedoch nicht wahllos zu verschenken. Denn viele Menschen können noch nichts damit anfangen. Jeder Mensch muss die eigene Anbindung an das Schöpferlicht finden. Nur so kann er das erlangen, was Sie jetzt besitzen. Das ist unsere Aufgabe auf der Erde.

Wenden Sie diese Übung immer dann an, wenn Sie in Ihrem Innersten fühlen, dass es angebracht ist, und nicht, wenn Ihr Ego Ihnen sagt: „Denen helfe ich jetzt."

Sie werden sehen, es geschieht mehr und mehr aus Ihnen heraus und Sie bemerken es oft nicht einmal mehr. So wird der Schöpfer in Ihnen aktiv.

Ich wünsche Ihnen viel Freude bei Ihrer Lichtarbeit.

Übung 7

Hierbei geht es um bewusstes, energetisches Atmen über das Herzchakra. Dieses befindet sich mittig vor Ihrem Brustkorb.

In Kapitel 6 beschrieb ich eine Situation in einer Münchener U-Bahn, in der eine aggressive Gruppe Jugendlicher war. Dort schrieb ich, dass ich, ohne es bewusst zu wollen, wie ferngesteuert anfing, bewusst zu atmen. Und genau darin liegt die Kunst dieser Übung.

Nicht mein Ego wollte die Situation entschärfen, sondern die Situation selber wollte entschärft werden. Ich durfte dabei lediglich mit meiner Präsenz als Medium dienen. Zu diesem Zeitpunkt bemerkte ich nicht einmal, was da vor sich ging. Es geschah einfach.

Und nun die Übung:

Begeben Sie sich wieder an einen geschützten Ort, an dem Sie allein sind und stimmen Sie sich mit der Übung 1 ein. Als nächstes atmen Sie wieder bewusst ein. Ziehen Sie die kosmische Energie über das Kronenchakra und die Energie von Mutter Erde über das Wurzelchakra in sich hinein und bündeln Sie diese in Ihrem Herzen. Reichern Sie die Energien mit Ihrer eigenen Herzensliebe an und lassen Sie diese Energien während des Ausatmens über Ihr Herzchakra in den Raum fließen. Wiederholen Sie diese Übung so oft wie Sie mögen. So wird die kosmische Energie und die von Mutter Erde mit Ihrer Herzensliebe vermischt und in die Welt von Raum und Zeit gebracht. Diese Energie ist bedingungslos.

Und nun noch einmal zu der Situation in der U-Bahn. Bewerten Sie eine solche Situation nicht und suchen Sie auch nicht nach dem Verursacher der Spannungen. Die wahre Ursache können wir als Außenstehender sowieso nicht erfassen. Erst wenn wir diese bedingungslose Energie an alle Beteiligten gleichermaßen fließen lassen, kann sich die Spannung auflösen. Sobald Sie bemerken, dass Sie Partei für eine Seite ergreifen wollen, weisen Sie Ihr Ego zurück in seine Schranken. Ich wünsche Ihnen viel Erfolg und vor allem auch Freude mit dieser bedingungslosen Arbeit.

Übung 8

Öffnen Sie sich für alles, was durch Sie noch passieren will, was aus Ihrem Inneren aufsteigen will. Das Leben ist ein Fluss. Sie werden neue, eigene Techniken herausfinden. Ihre Aufgabe besteht darin, Ihr Ego dabei in seinen Grenzen zu halten. Lassen Sie geschehen, was geschehen will.

Die Liebe ist bedingungslos. Und Gott ist die Liebe.

Warum habe ich die Übungen in so kleinen Schritten und langen Pausen beschrieben? In den letzten 10 Jahren habe ich so viele Menschen kennengelernt aus dem Esoterik- und Heilerbereich, die in irgendwelchen Wochenend-Seminaren komplette Techniken erlernten mit einem Abschlussdiplom in der Hand. Damit haben sie angefangen, selbst als Heiler zu arbeiten. Als sie dann merkten, dass es so einfach gar nicht funktioniert, meldeten sie sich zum nächsten Seminar an.

Sie gaben sich nicht die Zeit, ihren eigenen Schmerzkörper zu heilen. Doch die Seele braucht dafür eine angemessene Zeit. Solche Menschen werden leicht dazu neigen, dieses Buch als ein Anfängerbuch zu bezeichnen. Damit haben sie sogar teilweise Recht. Natürlich ist dieses Buch kein Anfängerwerk, sondern sie sind Anfänger, sonst hätte ihnen ihr Ego nicht diesen Gedanken eingegeben.

11.

Die Zukunft der Menschen und unserer Erde

Dieses Kapitel liegt mir besonders am Herzen. In dem Kapitel „Die Kraft der Gedanken“ schrieb ich über die Macht der eigenen Gedanken. Wie können wir diese eigene Kraft aber einsetzen, um die Entwicklung unserer Erde positiv zu verändern?

Dazu müssen wir zuerst einmal alte, bestehende Systeme durchschauen, und ihre Entstehung erforschen. Zurzeit befinden wir uns in einer Weltwirtschaftskrise, welche die Armen immer ärmer macht und die Reichen immer reicher. Der Mittelstand bricht mehr und mehr weg. Das ist die Ist-Situation. Wie aber konnte es dazu kommen? Dazu möchte ich als Beispiel einmal in die Zeit um 1550 zurückgehen und ansehen, was damals in Augsburg begann.

Die Fugger entwickelten sich zu der reichsten und mächtigsten Familie der Welt. Ihre Macht und ihr Reichtum war damals größer als die der 100 größten Unternehmen der gesamten Welt in der Jetzt-Zeit. Das war die Zeit des Beginns unseres heutigen Finanzsystems, welches auf Zinsen und Zinseszinsen beruht.

Wie konnte eine einzige Familie solche Macht erlangen? Die Antwort fand ich im Sommer 2009, als ich eine Bekannte in Augsburg besuchte und wir durch die Stadt liefen. Sie zeigte mir den Augsburger Dom, die Fuggerbank und eine weitere große Kirche. An einem Innenstadtplan in der Nähe der Fuggerbank blieb ich stehen und betrachtete die Geometrie und Anordnung dieser Gebäude. Dabei fiel es mir wie Schuppen von den Augen: Die Fuggerbank liegt zwischen diesen beiden Kirchen. Die Straße macht einen flachen Bogen, so dass man nicht von Kirche zu Kirche sehen kann. Die Bank liegt auf gerader Linie zwischen diesen beiden Kirchen.

Evang. u. kath. Kirche	Fuggerbank	Augsburger Dom
X	X	X

Die große Hauptstraße führt von der Kirche (evangelische und katholische in einem Gebäude) zum Dom, um die Bank herum. Damit liegt das Gebäude nach Feng-Shui-Regeln an optimaler Energiequelle. Das betende Volk fügt dem unter Umständen noch mehr hinzu. Denn – in den Kirchen wurde und wird pauschal um die Vergebung der Sünden gebetet. Die meisten der Betenden haben jedoch keine Sünden begangen, die es zu vergeben galt, und so wurde und wird um die Vergebung der Sünden anderer gebeten. Diese Sünden wurden und werden in der Bank begangen. Unterstützt auf die Weise das unwissende Volk mit ihren Bitten um Vergebung, welche für Hellsichtige sichtbar, gewaltige Energien frei setzt, die für die Menschheit negativen Machenschaften dieser Banken? Meine Überlegung ist, nutzen die Großbanken heute noch weltweit dieses System? Den einfachen Menschen wird immer wieder ein schlechtes Gewissen eingeredet und für das, was sie tun, Angst gemacht: Klimawandel, Schweinegrippe und so weiter. Dann bitten sie pauschal um die Vergebung der Schuld. Dies geschieht natürlich nicht nur in den Kirchen, die ja immer leerer werden, sondern wird zu einem großen Teil von den Medien unterstützt.

Die Fuggerfamilie hat sich noch ein anderes Konzept ausgedacht. Sie hat eine Fugger- und Andachtsstiftung gegründet – die bereits 1519 gegründete Fuggerei. Sie vermietet Wohnungen an Bedürftige (damals an unverschuldet verarmte Bürger) für ein extrem niedriges Entgelt. Sie hat aber eine Bedingung daran geknüpft: Die Bewohner müssen pro Tag einmal für ihre Gönner beten. Vordergründig sieht dies nach einer großen Wohltätigkeit aus. Tatsächlich scheint es jedoch durch und durch berechnend. Menschen, denen es ausschließlich um Macht und Geld geht, tun alles nur zu ihrem Vorteil. Sie benutzen gerne die Energie anderer Menschen für dunkle Geschäfte.

Bis zu der Zeit um 1550 war das Geld ein reines Tauschmittel, womit der Handel erleichtert wurde. Der damalige Bischof von Magdeburg hat im 11. Jahrhundert Zinsgeschäfte verboten und damit einen rund 300-jährigen Frieden in Europa bewirkt. In dieser Zeit entstanden die wertvollsten Kathedralen in Europa, und der breiten Bevölkerung ging es so gut wie noch nie. Nach dieser Zeit wurde das Geld dann mehr und mehr zu einem Machtinstrument. Einige wenige Menschen horten den größten Teil der Geldmengen und beeinflussen so, wie es ihnen gerade passt, den Welthandel. Ziehen diese Menschen ihr Geld aus der Wirtschaft zurück, bricht der Welthandel zusammen. Denn eine Wirtschaft funktioniert nur dann, wenn das Geld im Umlauf bleibt.

Auch ist an dieser Stelle erwähnenswert, dass die Augsburger Fürsten, die über das Geld eng mit der Familie Fugger verbunden waren, Luther Unterschlupf gewährten, als er verfolgt wurde. Hatte sich die evangelische Kirche schon damals mit der Macht verbunden? Diese Frage darf jeder für sich beantworten. Sicher ist allerdings, dass Luther keine Trennung der Kirche anstrebte, sondern mit seinen Thesen lediglich auf Missstände in der bestehenden Kirche aufmerksam machen wollte.

Soviel zur Vergangenheit. Die Menschen, die heute diesen Machtmissbrauch betreiben, werden Illuminaten genannt. Sie streben an, die Menschen auf der ganzen Welt zu kontrollieren und zu beherrschen. Dies ist eine Geheimgesellschaft und nur den obersten Schichten der Gesellschaft bekannt. Die meisten Menschen, die für sie arbeiten, wissen nichts von alledem und glauben, dass sie einer guten Sache dienen. Deshalb ist es wichtig, diese Menschen nicht anzugreifen, sondern lediglich aufzuklären. Jesus sagte einmal: „Herr, vergib ihnen, denn sie wissen nicht was sie tun." Sobald diese Menschen das System dahinter jedoch durchschaut haben, liegt es an ihnen, zu entscheiden, ob sie ihm weiterhin dienen wollen oder nicht mehr. Solche Entscheidungen sind im Christentum mit Umkehr und Buße gemeint. Das Wort Buße ist bedauerlicherweise in eine Form der Strafe verwandelt worden. Ursprünglich bedeutete Buße jedoch, ein Zeichen der Willensuntermauerung zu setzen. Mit der Buße verdeutliche ich lediglich meine Bereitschaft der Umkehr. Ein Priester gab mir einmal nach einer Lebensbeichte von mir eine Buße auf, die mir die Tränen in die Augen drückte.

So sagte er: „Peter, gehe heute Abend als Zeichen der Buße in ein gutes Restaurant essen und achte darauf, dass auf dem Tisch eine Kerze brennt.“

Seit dem Beginn des Wassermannzeitalters verlieren diese alten Machtstrukturen jedoch immer mehr an Einfluss. Je mehr Menschen bereit sind, die Dinge, die geschehen, zu hinterfragen, umso mehr verändert sich die Situation auf unserer Erde. Das heißt Bewusstseinserweiterung und Bewusstwerdung.

Was können wir persönlich dafür tun, dass sich unsere Erde zum Frieden hin entwickelt? Ganz einfach: Die Verantwortung für uns und unser Leben übernehmen. Fehler, die wir vielleicht begangen haben, anzunehmen und zu gestehen und diese dann zu transformieren. Deshalb habe ich das „Vaterunser“ auch zu einem persönlichen Gebet umgewandelt. Bitten Sie nicht mehr um die Vergebung der Schuld anderer, denn wir wissen nicht, ob sie diese Fehler nicht ganz bewusst machen und damit rechnen, dass andere um die Vergebung bitten.

Wie können wir aber mit einer erkannten Situation, wie eben von mir über Augsburg und die Geldmacht beschrieben, umgehen? Dazu schildere ich Ihnen, was meine Bekannte und ich aus dem Bauch heraus machten, ohne dass wir darüber gesprochen hatten. Wir gingen zielstrebig in die erste Kirche hinein, begaben uns in die Kontemplation und begannen still zu beten. Meine Gedanken bei diesem Gebet möchte ich Ihnen gerne mitteilen. „Herr und Schöpfer. Wir haben dieses System des Machtmissbrauches erkannt und sind hier, um es aufzulösen. Ab jetzt dient das Geld wieder den Menschen, und nicht mehr die Menschen dem Geld, und somit nur einigen elitär denkenden Menschen. Ab jetzt steht das Geld wieder allen Menschen der Erde zu gleichen Maßen zur Verfügung. Das alte dunkle Spiel ist jetzt zu Ende. Amen."

Danach gingen wir in den Dom und beteten um das gleiche Anliegen.

Und Sie, liebe Leserinnen und Leser, lade ich dazu ein, ähnliches zu tun. Sollten Sie in der Nähe von Augsburg wohnen oder sich in der nächsten Zeit einmal dort befinden, so schauen Sie sich die Anordnung der Gebäude selber an und beten Sie in den beiden Kirchen darum, dass sich das alte, dunkle System auflöst. Je mehr Menschen dies tun, umso schneller geschieht es.

In allen Religionen gibt es gute Ansätze. So steht im Koran geschrieben, dass es einem Moslem untersagt ist, Geld gegen Zinsen zu verleihen oder Geld gegen Zinsen zu leihen. Hatte Mohammed dieses heutige System bereits vorausgesehen? Möglich ist es.

Die führenden Köpfe der Illuminaten sind alle in geheimen Kreisen in die Geheimnisse der Macht eingeweiht worden. Dazu mussten sie schwören, niemand Außenstehendem von diesen Einweihungen zu erzählen, und wenn jemand anderes davon spricht, dies mit aller Kraft zu verleugnen. Sollte sich jemand nicht daran halten, so besteht große Gefahr für sein Leben. Das ist auch der Grund, weshalb sich noch so wenige trauen, aus dem dunklen System auszusteigen. Noch trauen sie sich nicht, aber es wird nicht mehr lange dauern, dann tun sie es. Die Veränderung ist unaufhaltsam. Es gibt Vermutungen, dass J. F. Kennedy aus diesem Grund ermordet wurde. Auch Alfred Herrhausen wollte einen sofortigen und vollständigen Schuldenerlass für die Entwicklungsländer durchsetzen, und plötzlich starb er.

Ob es so ist, weiß ich nicht. Auch möchte ich tatsächlich keine Verschwörungstheorien schüren. Alles, was ich mit diesen Schilderungen erreichen möchte, ist, dass Sie die Dinge die geschehen, bewusst hinterfragen. Das gehört zur Bewusstwerdung. Auch die Bibel lädt uns dazu ausdrücklich ein. So steht dort geschrieben: „Prüfe alles, was du tust, denn es gibt viele falsche Propheten. Du kannst dich später vor Gott nicht damit herausreden: Aber der hat das gesagt....“

Sicher ist jedoch, dass ich persönlich niemals von irgend jemand in diese Geheimnisse eingeweiht wurde, sondern alles durch Hinterfragen, aufmerksames Beobachten und Ausprobieren entschlüsselt habe. Das heißt, dass ich mich auch vor nichts und niemandem zu fürchten brauche, denn ich breche keinen Schwur oder Eid. Wenn ich keinen Schwur geleistet habe, kann ich auch keinen brechen. Und deshalb möchte ich die Menschen auch ermutigen, keinen Schwur oder Eid mehr zu leisten. Jeder Schwur ist ein Abkommen mit den alten, dunklen Energien. So lade ich Sie ein, die Verantwortung für Ihr Leben und die Welt in Ihre eigenen Hände zu nehmen.

Auch gibt es die Möglichkeit, einen alten Schwur zu lösen. Dies gelingt allerdings nur, wenn unser Ego entmachtet ist und wir unser Leben bedingungslos in Gottes Hand gelegt haben. Sobald wir diesen bedingungslosen Schritt getan haben, begegnen uns auch die Menschen, die uns dabei begleiten können. Es ist somit nie zu spät zur Umkehr. Auch dies hatte Jesus uns gelehrt.

In den Psalmen steht ein Satz: „Fürchte dich nicht, denn du stehst unter dem Schutz des Höchsten."

Dies wissen die alten Kabalen genau und können so nichts mehr dagegen unternehmen. Das Göttliche kommt mehr und mehr auf die Erde. Auch sind die alten, dunklen Kräfte unmissverständlich aufgefordert worden, ihr zerstörerisches Spiel zu beenden. Noch widersetzen sie sich und kämpfen verzweifelt dagegen an. Dieser Kampf ist jedoch hoffnungslos, denn die größte Macht ist die Liebe. Und die Liebe ist Gott.

a. So sehe ich die Zukunft

In diesem Absatz beschreibe ich die Welt, wie ich sie in naher Zukunft sehe. Dabei schreibe ich nicht in Form eines Channelings, sondern aus den Erkenntnissen meines eigenen Lebens und von meinen Gedanken über das zukünftige Leben der Menschen auf Erden. Da ich weiß, dass wir mit unseren eigenen Gedanken unsere Welt kreieren, weiß ich auch, dass es so kommen wird.

Die neuen Familien:

Die Paare der Zukunft werden wieder durch bedingungslose Liebe miteinander verbunden sein. Das alte Muster ›ich heirate, damit mein Partner mich glücklich macht, oder damit ich versorgt bin‹ wird der Vergangenheit angehören.

Die Eltern werden ihre Kinder in ein eigenständiges Leben begleiten und das alte Muster ›Ich weiß, was für mein Kind gut ist‹ stirbt aus. Es war ohnehin nur die Projektion der eigenen Wünsche und Vorstellungen, die wir selber noch nicht in der Lage waren zu leben und dann auf unsere Kinder übertragen haben. Diese Projektionen haben nichts mit der Berufung und dem Leben der Kinder zu tun.

Das alte Muster ›Hauptsache, mein eigenes Kind kommt im bestehenden System noch zurecht‹ stirbt ebenso aus. Die Eltern der neuen Generation werden sich bedingungslos für alle Kinder, denen sie begegnen, einsetzen. Die Kinder haben so auch mehrere Erwachsene als Vorbilder und können dadurch auch leichter alte seelische Familienerbschaften durchbrechen.

Das Erziehungs- und Bildungssystem.

Die Erzieher/Innen der Zukunft werden keine pädagogische Ausbildung mehr haben, die ja immer mit dem Verstand, also dem Ego gekoppelt ist (Ich weiß, was für die Kinder am besten ist.). Die zukünftige Ausbildung dieser Berufsgruppe basiert auf der Öffnung der eigenen Herzensliebe. Dazu gehört auch die Emotionsarbeit. Das heißt, die Aufarbeitung der eigenen kindlichen Traumatisierungen. Diese Herzensliebe ist bedingungslos und schließt alle Kinder und Menschen gleichermaßen ein, ganz gleich auf welchem Entwicklungsstand der Einzelne sich befindet. Eine Bewertung und Beurteilung der Kinder findet nicht mehr statt. Dadurch wird die Weiterentwicklung eines jeden möglich.

Die Lehrer/Innen der Zukunft werden ebenso keine pädagogische Ausbildung mehr haben, sondern genauso, wie die Erzieher/Innen, eine Ausbildung in der Öffnung der eigenen bedingungslosen Herzensliebe und der Aufarbeitung der eigenen Emotionen. Dazu müssen sie noch die Inhalte der zu unterrichtenden Fachgebiete vollständig verinnerlicht haben. Was sie selber nicht mehr gelernt, sondern verinnerlicht haben, können sie auch problemlos an die Kinder weitergeben. Die Lehrmethoden tun sich dann von ganz alleine auf. Die Kinder werden es ihnen zeigen. Auch werden in Zukunft nur noch Lehrer mit Kindern arbeiten, deren Berufung im Lehrberuf liegt. All diejenigen, die aus materiellen oder wirtschaftlichen Gründen den Beruf des Lehrers ausgewählt haben, werden in kürzester Zeit den Schuldienst verlassen oder sich in die Ausbildung der bedingungslosen Herzensliebe und der Aufarbeitung der eigenen Emotionen begeben. Auch werden die Kinder nicht mehr normiert unterrichtet, sondern das Hauptaugenmerk liegt in der Förderung der vorhandenen Talente. Eine Beurteilung und Prüfung der Kinder wird nicht mehr stattfinden, wodurch Ausgrenzung, Neid und Missgunst keinen Nährboden mehr erhalten.

Die Schulen

Die Schulen der Zukunft werden freie Schulen sein, das heißt, sie werden keiner Institution oder staatlichen Trägerschaft mehr unterliegen. Sie werden in sich selbst bestimmend sein. Gute Schulen werden gut besucht sein und wachsen, schlechte hingegen werden aufgeben müssen. Politische oder ideologische Vorgaben in großem Stil, wie sie in staatlichen Schulsystemen üblich sind, werden nicht mehr möglich sein. Die Schulpflicht, die ja noch aus Hitlers Zeit stammt und zur Konditionierung der Kinder diente und dient, wird aufgehoben. Das freie Recht auf Bildung wird jedem Menschen zustehen. Die bestehenden Schulen müssen dafür jedoch nicht aufgelöst werden, sondern lediglich von den Trägern befreit werden.

Die Berufsausbildung

Ab jetzt ist die Berufung wieder ausschlaggebend für die Berufswahl. Der Kreative arbeitet in einem schöpferischen Beruf, der seinen Talenten entspricht, und der mit systematischem Denken Begabte übernimmt die verwalterischen Tätigkeiten. Eine Bewertung gibt es nicht mehr. Kein Mensch und keine Berufsgruppe ist besser als der oder die andere. Jeder übernimmt seinen Teil im gemeinschaftlichen Leben.

Die Staatsdiener

Die zukünftigen Diener des Staates werden wieder dem Staat, der sie ernährt, dienen, und nicht mehr nur für den eigenen Selbsterhalt arbeiten. Der Staat – das sind alle Bürger eines Landes.

Die Regierungen

Die zukünftig Regierenden werden ein aufgelöstes Ego haben und sich ausschließlich für die Bedürfnisse ihres Volkes einsetzen – für die Bedürfnisse eines jeden einzelnen Menschen ihres Staates. Sätze wie der vom ehemaligen deutschen Außenminister Joschka Fischer ›Du kannst das Amt nicht verändern. Das Amt verändert dich‹, gehören der Vergangenheit an. Die Regierenden der Zukunft werden das Amt ändern.

Die Erde

Unsere Erde ist in den letzten Jahrhunderten in erschreckendem Maße ausgebeutet und misshandelt worden. Dabei haben sich die Menschen wie Krebszellen verhalten, die den Wirt, der sie trägt, zerstören. Auch das Verhalten geht jetzt dem Ende zu. Die bisherigen Machthaber werden in sich zusammenfallen und neue, egolose werden an ihre Stelle treten. Den Menschen werden neue technische Geräte und Entwicklungen zugänglich gemacht, die bisher aus Macht und Geldgründen geheim gehalten wurden. Auch die freie Energie wird zugänglich gemacht werden, wodurch sich die Menschen aus der Macht der Energielieferanten befreien werden und die Schätze der Erde nicht mehr sinnlos ausgebeutet werden. Diese Energien und Techniken können jedoch ausschließlich von den Menschen benutzt werden, die ihr Ego vollständig aufgelöst haben, um einem erneuten Machtmissbrauch vorzubeugen. Sollten Sie, lieber Leser, noch stark in Ihrem Ego verhaftet sein, so seien Sie nicht eifersüchtig auf die Menschen, die schon Zugang zu diesen freien Lebensenergien haben. Das ist kontraproduktiv für Sie. Neid, Hass und Eifersucht sind Zeichen eines starken Egos und verhindern somit jeglichen Zugang zu diesen neuen Lebensenergien. Vielmehr möchte ich Sie einladen, sich selber in den Prozess der Egoauflösung zu begeben und so an der wunderbaren göttlichen, freien Lebensenergie teilzuhaben. Sobald Sie dies getan haben, öffnet sich Ihnen eine neue unbekannte Tür, und Sie werden Ihre Berufung erkennen. Dann werden Sie sich automatisch mit der Heilung von Mutter Erde befassen. Das kann gar nicht anders sein. Denn sobald Sie bewusst erkannt haben, dass Sie auf dem Ast sitzen, den Sie gerade absägen, werden Sie mit dem Sägen sofort aufhören.

b. Der Weg zurück nach Hause

All die Versuche der Menschen, auf anderen Planeten ein neues Zuhause zu finden, sind fehlgeschlagen und werden auch in Zukunft fehlschlagen. Der Weg nach Hause, zurück zum Göttlichen, geschieht ausschließlich durch das Innere der Erde. Es gibt genügend Bücher, die sich mit der Welt im Inneren der Erde befassen, weshalb ich darüber auch nur wenig schreiben möchte.

Vor Jahren war ich für einige Wochen in einem Kloster in Israel am See Genezareth. Dort sagte man mir, dass immer wieder Menschen in den See schwimmen gegangen sind und nicht wieder kamen. Auch wurde kein Leichnam gefunden. Was geschah dort? Ein Jahr später, im Urlaub mit meinem Sohn in Frankreich am Atlantik, sollte ich die Antwort finden.

Mein Sohn spielte am Strand, und ich schwamm auf dem Rücken liegend weit draußen im Wasser. Das Wasser trug mich, ohne dass ich etwas tat, und ich vergaß alles um mich herum. Die Wellen waren ca. drei Meter hoch, doch keine brachte mich aus der inneren Ruhe heraus. Als ich so auf dem Wasser lag, fühlte ich mich geborgen, wie in Gottes Hand. In diesem Moment empfand ich ein Gefühl, mich mit dem Wasser und somit mit Mutter Erde zu verbinden und mich so zurück nach Hause zum Göttlichen zu begeben.

Als ich meinen Kopf nach hinten ins Wasser absenken wollte, wurde ich aus dieser Trance geweckt und schaute zum Strand. Dort stand mein Sohn und suchte mit seinen Blicken das Wasser nach mir ab. Sofort drehte ich mich auf den Bauch, winkte ihm zu und schwamm so schnell, wie ich konnte, zurück. Am Strand angekommen, nahm ich ihn voller Freude in den Arm und er sagte zu mir: „Papa, ich habe gerade gedacht, du kommst nicht wieder“.

Mein Sohn hatte gefühlt, was ich im Wasser erfahren habe und hat mich mit seinen Gedanken zurückgerufen. Gott sei Dank. Meine Zeit auf der Erde ist noch nicht vorbei, da ich noch einige Aufgaben zu erfüllen habe. Jedoch durfte ich schon einmal einen Einblick bekommen, wie der Weg zurück nach Hause geht. So ist bei mir auch jegliche Angst vor dem Tod und vor dem Prozess des Sterbens aufgelöst, ähnlich wie bei dem in Kapitel drei erwähnten Leberkrebspatienten. Sobald wir einmal erfahren haben, dass der Tod das Leben nicht zerstört, sondern lediglich verändert, kann uns auch keine Angst mehr vor dem Tod eingeflößt werden. Der Tod hat seine Macht verloren.

Auch die Überbevölkerung der Erde lässt sich nur auf diesem Wege lösen. Findet eine Seele als menschliches Wesen nicht diesen Zugang ins Innere der Erde, so wird sie immer wiederkehren, bis es ihr gelingt. Alle Religionen beschreiben diesen Prozess. Jesus ist von den Toten auferstanden und gen Himmel gefahren. Mohammed ist mit seinem Pferd in den Himmel geritten. Bei Buddha war es ähnlich. Von allen fehlte nachher jede Spur ihres menschlichen Körpers. Auch viele Dörfer der alten Mayas weisen keinerlei Knochenfunde auf, was auf denselben Aufstieg dieser Hochkulturen hinweist. Im alten Testament der Bibel im Buch Genesis ist dies auch bei Henoch schon so beschrieben. ›Er lebte mit Gott, und dann war er nicht mehr da‹. Alle anderen Beschreibungen im Buch Genesis lauten: ›Dann starb er‹.

Hiermit möchte ich deutlich machen, dass der einzige Weg für uns Menschen mit und durch unsere Mutter Erde führt. Und dieser Weg ist für alle Menschen gleichermaßen zu gehen, nicht nur für eine kleine, elitär denkende Gruppe. Wer elitär denkt, kann diesen Zugang ohnehin nicht finden, da solches Denken vom Ego gesteuert ist und das Ego erhält keinen Zugang zum Inneren der Erde. So kommen diese Menschen wieder und wieder und jedes Mal haben sie mehr Karma abzuarbeiten. Wir tun also gut daran, die Auflösung unseres Egos hier und jetzt zu beginnen und nicht mehr in die Zukunft oder auf spätere Leben zu verschieben.

c. Wie realisieren wir diese Veränderungen?

Es gab schon immer Menschen, die dieses Wissen hatten, z. B. Mahatma Gandhi. Auch die meisten der Revolutionsführer hatten Teile dieses Wissens. Was ihnen jedoch fehlte, war das Wissen darum, dass sie sofort wieder ins Ego zurückfallen, wenn sie etwas mit Gewalt durchsetzen wollten. Deshalb ist bisher jede Revolution gescheitert und wird auch künftig so keinen Erfolg haben. Oder besser gesagt, es wird keine Revolution im klassischen Sinn mehr geben. Revolutionäre Gruppen werden auch sehr leicht von den alten, dunklen Kräften unterlaufen und zu Gewalttätigkeiten angestachelt. Sobald eine Gruppe gewalttätig wird, kann sie von den alten Kräften angegriffen und verführt werden. Die Geschichtsbücher sind voll von solchen Schilderungen. Wir brauchen das nicht noch einmal zu wiederholen. Die wahre Revolution findet ausschließlich in uns statt und ist das Ende des eigenen Egos. Jeder Mensch, der dies schon durchlebt hat, weiß, wovon ich hier schreibe und hat erfahren, mit welcher Kraft sich unser altes Ego zur Wehr setzt. Sobald wir diese Veränderungen in uns zulassen, können wir auch die Liebe in die Welt tragen. Nicht mehr hat auch Mahatma Gandhi getan. Er lebte es einfach vor.

So können auch wir diese Veränderungen in der Welt manifestieren, indem wir andere Menschen, ganz gleich ob wir sie kennen oder wie sie sich verhalten, mit einem liebevollen Lächeln beschenken. Anfangs mag das noch schwer fallen. Es wird jedoch jedes Mal leichter und die Reaktionen der Mitmenschen werden immer deutlicher. Sie lächeln einfach zurück.

Je mehr wir das Göttliche in uns zum Leben erwecken, um so mehr erkennen wir es auch in unseren Mitmenschen.

Beenden möchte ich dieses Buch mit einer praktischen Übung, bei der Sie die Aussage des letzten Satzes selbst erfahren können. Ich selber mache dies regelmäßig, wenn ich mit meinem Infostand am alten Kurhaus in Dangast stehe. Kommt ein kleines Kind im Kinderwagen bei mir vorbei, öffne ich mein Herz und lache es liebevoll an. Das Kind reagiert sofort und lacht zurück. Oft fangen sie sogar vor Freude an zu quietschen, und unsere Herzen kommunizieren. Das ist Kommunion. Sobald unser Herz geöffnet ist, erkennen kleine Kinder das Licht in uns. Sie sehen den göttlichen Teil in uns und wir sehen ihn in ihnen. Dies geht natürlich auch mit Erwachsenen, und wenn Sie diese Technik verinnerlicht haben, so wenden Sie sie auch ruhig bei jedem Menschen an. Mit kleinen Kindern ist es jedoch erheblich leichter und wir können dies mit ihnen besser üben. Kinder sind ohnehin unsere besten Lehrmeister.

Ich lade Sie hiermit ein, dies auch einmal zu probieren. Machen Sie diese Übung ruhig mit einem völlig fremden Kind. Wichtig bei dieser Übung ist allerdings, <u>nichts</u> von ihrem Gegenüber zu erwarten oder zu wollen. Schauen Sie ihn bedingungslos mit der Liebe Ihres Herzens an und lassen Sie sich überraschen, wie ihr Herz dabei reagiert. Diese wunderbare, göttliche Erfahrung wünsche ich Ihnen und mir so oft wie möglich. So bringen wir die Liebe zurück auf die Erde – und damit verändert sich unsere Welt.

Ihr Peter Classen

Peter Classen:

Kreuzfahrt auf dem Fluss des Lebens

Märchen, die das Leben schrieb

Erschienen im ESE Verlag 2014
ISBN: 978-3-941163-18-8

Peter Classen:

Die Welt der Bilderdenker

Wie AD(H)S- und Legasthenie-Begabte
ihre angeborenen Talente entdecken
und entfalten können
Erschienen im ESE Verlag 2012
ISBN 978-3-941163-16-4

Peter Classen:

„anders zu sein ist das Normale“ (Audio CD)

Die Welt der BilPerbenker

Radio-Interview bei „Radio oeins“ vom
11. Mai 2009 mit Peter Classen über seine Arbeit.
Info: www.peter-classen-fantasiereisen.de

Peter Classen:

Indigo-Menschen und der Weg aus dem Burnout (TB)

Ihr Anderssein ist eine Chance!

Erschienen im AMRA Verlag 2009
ISBN 978-3-939373-27-8

Weitere Informationen zum Autor und zu seinen Projekten finden Sie auf der Homepage von Peter Classen: www.peter-classen-fantasiereisen.de